中外巨人传

唐 寅

周玉琴　徐雪梅　著

辽海出版社

图书在版编目（CIP）数据

唐寅 / 周玉琴著 . — 沈阳 : 辽海出版社， 2016.5
(2019.1 重印)
ISBN 978-7-5451-3026-3

Ⅰ . ①唐… Ⅱ . ①周… Ⅲ . ①唐寅（1470-1523）—
生平事迹 Ⅳ . ① K825.72

中国版本图书馆 CIP 数据核字（2019）第 027169 号

责任编辑：柳海松
责任校对：顾　季
装帧设计：马寄萍

出 版 者：辽海出版社
　地　　址：沈阳市和平区十一纬路 25 号
　邮　　编：110003
　电　　话：024-23284473
　E-mail:dyh550912@163.com
印 刷 者：天津海德伟业印务有限公司
发 行 者：辽海出版社

幅面尺寸：165mm×230mm
印　　张：11
字　　数：133 千字

出版时间：2015 年 5 月第 1 版
印刷时间：2019 年 1 月第 2 次印刷
定　　价：25.00 元

•目　录•

第一章　天纵英才

小时了了　拜师学画

自古江南多才子，此话不虚，本书将为大家讲述的也是一个江南才子的故事。沿长江而下，至镇江，过常州、无锡，不日就可到达苏州城。此城历史悠久，古称吴郡，自文字记载以来已有四千余年的历史。苏州古城始建于公元前514年的吴王阖闾时期，因城西南有山曰姑苏，故于隋开皇九年（589年）更名为苏州。此城风光旖旎，处处小桥流水，家家临河而居，所谓"上有天堂，下有苏杭"，就是赞誉它的美。有诗为证：

拙政园

吴中好风景，风景无朝晚。

晓色万家烟，秋声八月树。

舟移管弦动，桥拥旌旗驻。

况当丰熟岁，好是欢游处。

此诗是白居易咏颂苏州之歌，不但写出了它天境般的美，更道出了它的富庶，而这一切都是养育才子的沃土。

明宪宗成化六年（1470年）农历二月四日，苏州阊门皋桥南吴趋坊一户人家，传来了一声响亮的婴儿啼哭，左邻右舍齐道："唐家的长子出世了。"因为这孩子是寅年寅月寅日所生，且又是家中长子，故名"寅"，字"伯虎"。

伯虎祖籍晋昌（今山西晋城），宋时南渡至苏州，所以祝枝山说他"世吴人，居吴趋里"。伯虎远祖唐辉，东晋时曾任凉陵江将军，其曾孙唐瑶、唐谘都任过晋昌太守。唐谘的儿子唐揣，唐瑶的孙子唐褒，皆封晋昌公。唐太宗起晋阳，唐氏后代唐俭因功勋封莒国公，画像也被赐高挂凌烟阁，给唐门增添了无尽荣光！然而到了伯虎以上五代，唐家人丁日渐稀疏。从伯虎曾祖至其父亲，唐家都是单传，这倍添了唐门的焦灼。伯虎父亲名唐广德，娶妻邱氏，生二子一女，使得唐

祝枝山

广德十分欣慰，终于告别唐家世代单传的忧虑！

　　唐广德年轻时亦曾想通过科考光耀门楣，怎奈屡试不第，只好认命，改行经商，在苏州阊门开了一家"唐记酒店"。虽然经商，可读书人的风雅还是没有完全丢掉，所以"唐记酒店"内多悬挂名人字画，使本来庸俗的酒店平添了许多文雅气氛，所以吸引了一班文人经常来这里喝酒聚会。如此，不但酒店生意不错，还结交了许多当地知名的文人雅士，可谓一举两得。伯虎虽出生在商人家庭，但从小在店里接触各种文人雅士及书画文字，六七岁时，举手投足间就已颇见风度，又生得十二分的聪明伶俐，很是招人喜欢。

　　有一次，唐广德与朋友下棋，小伯虎在旁观战，旁边桌上摆着西瓜、炒豆等吃食，伯虎贪吃，抓起一块就要进肚，父亲正待发作，棋友制止了。原来此人素闻唐家儿子聪明，有心试探，就对小伯虎说："我出一对，你若对得，便让你吃。"

　　那棋友捻开一粒豆子念道：

　　"炒豆捻开，抛下一粒金龟甲。"

　　小伯虎毫不紧张，朗然对道：

　　"甜瓜切破，分成两片玉玻璃。"

　　棋友听完大呼可造之材，父亲也颇为自豪。其实与对对子相比，伯虎此时最喜欢的是画画，但因为没机会接受专业训练，只是临摹了店里面一些文人画作，所以也只是儿戏之作。但客人们却觉得伯虎画得不错，是可造之才，建议唐广德为伯虎延请名师。唐广德心中光耀门楣的愿望不曾撂下，又见儿子着实聪明，便留心筹谋起来。

　　功夫不负有心人，唐广德终于为小伯虎寻得了名师，这就是

周臣

当时苏州有名的大画家周臣。周臣字舜卿，号东村，是唐记酒店里的常客，素来喜欢小伯虎，知道唐广德的意图后，也非常乐意收这个弟子。就这样，行过拜师礼后，小伯虎便成了大画家周臣的弟子。

接下来的几年里，伯虎跟着老师周臣潜心学画，倒是十分刻苦，不到逢年过节，甚少回家。逐渐掌握了南宋院体画的精髓，山水和人物画也日渐精进，绘画水平甚至与老师周臣难分伯仲。以至于有一次大画家沈周到周臣家里做客，看到桌上一副伯虎新完成的画作，以为是周臣画的，还在上面题字。

沈周，字启南，号石田，吴门画派创始人，善画山水、花鸟，主要师法宋元，是当时比周臣还要有名的苏州画家。沈周崇尚自由，无意功名利禄，一生不曾参加科考，专心画作。他不但学识渊博，交游广博，而且脾气好。向他求画的人，不分贵贱，他一律满足，以至于作画作到手软，十分可爱。据说，当时的苏州知府要找人画府衙的壁画，听人介绍就找上了沈周，大家都为老先生不平，堂堂大

沈周

画家怎能被当成画匠驱使？不过沈周却没什么怨言，圆满地完成了任务。伯虎对他早有耳闻，也十分仰慕。听到沈周错把自己的画作当成老师周臣的，心里十分惬意："看来我唐寅可以出师了。"

周臣见伯虎的画艺日渐精进，青出于蓝而胜于蓝，非常高兴。为了进一步提高爱徒伯虎的绘画艺术水平，也避免伯虎囿于一家之风格，周臣就把他介绍给了自己的老友沈周，望他能多提点伯虎。沈周慨然允诺，伯虎也十分感谢老师的推荐，所以又继续向沈周潜心学画。

一日，伯虎正在刻苦用功，见门外有两只小脑袋一闪，心知是朋友张灵和刘嘉育来找自己玩耍。自从画作得到沈周的青眼后，伯虎颇有些骄傲，玩耍之心日重，与一二友人常玩得昏天黑地、不知日月。张灵和刘嘉育都是伯虎邻居家小孩。张灵，字梦晋，比伯虎小一岁，也非常聪明，是一个天才少年。只可惜父亲去世早，母亲辛苦干活养家，甚是不易，无法为他延请名师。后祝枝山喜他聪明，曾教过他，他们一直维持着亦师亦友的关系。张嘉育，字协中，与伯虎一样，少时就因有才而名闻苏州。与伯虎是总角之交，光屁股一块长大的。三个小子调皮得紧，逮着机会就干些上树掏鸟、下水摸鱼的勾当。三人关系也如亲兄弟一般。此时，伯虎再也坐不住了，几个人一起溜了出去。

此时正值秋季，风景秀丽，气候宜人，几个小朋友商量着附近玩腻了，去远点儿的地方找乐子。梦晋道：

"咱们去郊外灵岩山如何？"

伯虎赞同道：

"妙哉，那里好玩的多多咧。"

刘嘉育没有意见，三人一呼哨就跑掉了。一路上欢歌笑语，上树踢墙，不知不觉已经大半天过去了。正在口渴难耐的时候，忽见前面院墙内有一棵橘树，上面挂满了黄澄澄的橘子，有一部分枝桠还长出了墙外。三人顿时喜出望外，精神百倍，此等好事断不能放过。

伯虎道：

"我先爬上去，协中兄帮我一把。"

张嘉育用手在下面撑起伯虎的腿，伯虎借势一跃，爬上院墙，转眼就跳进了院里。谁知下面恰巧是一粪池，顿时恶臭袭来，熏得他有苦难言。

这时，梦者在院墙外伸长脖子喊道：

"伯虎，怎么样？"

伯虎有心逗他，就叫道：

"没人，下来吧！橘子好吃得很呢！"

张灵一听，忽地就扑了下来，一脚没立稳，差点倒栽下去，幸伯虎一把抓住才没事。张灵明白上当，正欲发作，伯虎指指墙外，小声道：

"还有一个呢。"

张灵只好压低声音道："你可真缺德啊！"

正说着，刘嘉育也扑了下来，还没明白状况，就听伯虎哈哈大笑道："这叫有福同享啊！"

三人忍着巨臭，提着脏衣，跳出院墙。

苦读制艺　喜中秀才

唐广德见儿子伯虎画艺渐成，颇为欣慰。可他心中始终有一个强烈的愿望，那就是希望伯虎能走科举之路，光宗耀祖。这是不难理解的。古代人按从事职业的不同，分"士农工商"，而其中商人最没有社会地位，哪怕你有泼天的富贵，社会地位也非常低。唐氏祖上曾功勋卓著，社会地位很高。后人虽不能至，却心向往之。况且儿子伯虎又聪明异常，定能在功名上有所成就。于是，为伯虎寻一业师就成了唐广德面临的头等紧要之事。

一天，唐广德正在店里忙得不可开交，见门外来了几位文人打扮的客人，一个个看上去都文质彬彬、温文尔雅，忙上前迎接。一看为首的竟是儿子伯虎的老师周臣和沈周，忙招呼：

"原来是贵客，两位先生请，这位先生是……"

周臣见唐广德不认识，忙介绍："这位是进士文林先生……"

唐广德知道来的是贵客，赶紧让进里间的雅座，奉上好酒好菜，命伙计好生伺候着，自己又赶紧进来陪席。

"唐老板，伯虎呢，怎么不见他？"周臣最关心伯虎的行踪，来了一会儿没见到就问开了。

"伯虎在吴趋里的家里，怕是正淘气呢！"说着叹了口气。沈周问道：

"唐老板为何叹气，想是有心事？"

唐广德不能隐瞒，也想托几位先生为伯虎找一个教八股制艺的塾师，就将自己的想法实言相告。这时一直沉默的文林道：

我正好认识一位徐先生，是一位举人，名鼎靖，字清闲，是一位十分受人尊敬的老夫子。此人满腹才华，只因摔跛了脚，不能再应试，所以在家里设馆教书。我去替你求他，想他不会拒绝。"

唐广德立即躬身拜下去，"一切有劳文先生了，鄙人不胜感

激!"

"唐老板客气了，这里没有外人……"文林急忙站起，拉起唐广德。

"还有一位叫张灵的，也一并介绍了去，那孩子顶伶俐，不可荒废了。"沈周对文林说，"这孩子的学银我来负担。"文林接道："不消吩咐，自会办妥。"

文林字宗儒，据说是文天祥的后代，先世为武职，祖籍湖广衡山，至文林祖父入吴。但仍不忘故里，自号衡山。成化八年进士。原任太仆寺丞，所以又被称为文太仆。太仆寺掌管马政，换成现在的话来说，就是国家有什么重大活动时，负责指挥马队仪仗的，比如该用几匹马，几匹在前，几匹在后，不同身份的人乘什么车等等。虽然琐碎，但事关国家礼仪，一点儿马虎不得。

后来他终于支撑不住精神和身体的双重劳累，病倒了，便告老还乡享受悠闲的生活。一边教育儿子文徵明的学业，一边与文人相交，倒也怡然自乐。

文徵明

就这样，在众人的努力下，唐伯虎和伙伴张灵一起进入了徐老夫子的学馆读书。张灵自不必说，十分地不喜读四书五经等应试之书，不过学馆里有伯虎和一帮朋友，大家一起倒十分快活，所以也学了起来。好在此人十分聪明，虽不十分刻苦，却也不错，后来考中了秀才，令人敬佩。刘嘉育也被父亲请了塾师在家学习，这里不再赘述。伯虎心里很矛盾，对待学习八股之文他是不喜欢的，可是他又不能违背父亲的意愿和家人的期望，况且自己也想光宗耀祖，在封建社会，除了应试似乎也别无他途。

开学第一天，徐老夫子知道，为勉励弟子们一心向学，建立一个不断学习的动力，首先要树立一个理想。

"你们来说说自己为什么读书？"徐鼎靖问道。

"为了考中举人，让我爹高兴。"一个孩子答道。

另一个不等说完就站了起来，"不对，为了考中进士，当大官，吃好的，穿好的。"

张灵接道："为了画完画之后在上面题诗。"

"学习八股有两大好处，一则可建功立业，光宗耀祖；二则可明理懂是非，不做糊涂人"；徐老夫子望去，是一个叫伯虎的在说话。素闻此子聪明，果不其然，不禁对他十分赞赏。

同时徐先生有意测试学生们的水平，命各人以自己身边的人和事即兴赋诗一首。学生们毕竟水平有限，徐老夫子听来直摇头，叹道："良玉待琢。"

到了伯虎时，他昂然咏出了一首《阊门即事》：

> 世间乐土是吴中，中有阊门更擅雄。
> 翠袖三千楼上下，黄金百万水西东。
> 五更市卖何曾绝，四远方言总不同。
> 若使画师描作画，画师应道画难工。

此诗唐伯虎勾勒了阊门的繁荣富足，不用实写，而用虚写，给人无尽的想象空间。唐老夫子听完不禁颔首赞叹！从此越发对

伯虎刮目相看。

转眼，伯虎已经十四岁了，师父自从徐老夫子后，学业精进不少，才名日炙。有不少慕名前来拜访，希望能结交他的士子。像同郡人祝枝山、都穆等。唐伯虎是知道祝枝山的，以前在自家的酒店里见过他，他年龄比伯虎大十岁，因手上长有六指而自号"枝山"，此人诗书画俱佳，古文尤其好，其中尤以一手漂亮的草书名闻于世。都穆也是吴县人，古文与祝枝山同名于当地，年龄也比伯虎大十多岁。

祝枝山三番五次地拜访，令伯虎也有些不好意思。此人风流不羁，与自己臭味相投，且又诚恳，伯虎也愿意结交这个朋友。有一天，伯虎做了两篇文章，请祝枝山指点。祝枝山收到唐伯虎手札时甚是意外，继而很高兴。赶紧赋诗赞扬了伯虎一番，又对文章提了中肯的意见，还劝他不要一味只知读书，须知劳逸结合才是长久之计。自此以后二人渐成挚友。

明成化二十一年（1458年）仲春，马上就到了童试的时间了，伯虎也愈加努力读书。这一日上书，徐老夫子为学生们讲解童试的过程和规矩，使他们有所准备，避免临场慌乱。

祝枝山草书

"我大明学校有两种：国学和府、州、县学。国学是中央一级学校，如国子监；府、州、县学是地方学校。只有通过了本省各级考试进入府州县学的，才统称生员，即俗谓秀才，这是诸位功名的起点。诸位考入府学或州县学，继续学习以便考取举人、进士。"

徐老夫子顿了顿，继续讲道："考场按号进入，会有执事领尔等进入号舍，号舍虽空间狭窄，可考取之后，你们的未来却很宽广。考试共分三场，第一场是正场，也叫初复，第二场为再复场，第三场称连复。考试内容大家都熟悉，就是常练的制艺文、试帖诗，主要出自《四书》《孝经》，并默写《圣谕广训》百余字。每场考后都要发榜，称"发案"；前两场写成圆形，谓之"圈"或"团"，中心部位朱笔写成一个上长下短的"中"字，取其像"贵"字头，图个吉利。五十名为一圈，圈的正中部位提高一字，写的是头名，其他名次由左至右依次排列。

"晓得了，晓得了，罗里吧嗦……"梦晋和伯虎到底少年心性，忍不住小声抱怨起来。

终于到了考试这天，苏州城愈发春意盎然，一群群生员挎着考篮纷至沓来，人人都珍惜这三年一遇的机会，考篮里放着考试期间的吃喝物件。那时一考几天，吃喝拉撒全在里头。伯虎和张灵搭伴而来，弟弟唐申来送哥哥入场。唐申今年十岁，已是很懂事，兄弟感情很好。人很多，文庙外热闹非凡，不时有认识的人打招呼。伯虎看到都穆、文壁（字徵明）都来参加考试了。伯虎刚认识文壁不久，他去年刚从博平回转苏州。文壁很是稳重，寡言认真，甚至有些木讷，然而十分正直，伯虎相信自己会和他成为好朋友。

"阿哥，该进场了。"唐申打断了伯虎的思考，把他从思绪中

拉回来。伯虎看时间差不多了，就招呼："梦晋、徵明、玄敬，进场了。"

三场很快考完。发榜那天，很多个家庭准备好了鞭炮，只待听到好消息就燃起鞭炮庆祝，所以远近都能听到鞭炮声。唐广德一早准备好了，儿子伯虎也果然没让他失望，考中了第一名，也就是"秀才"。伯虎的朋友张灵、文壁、都穆也都顺利录取。从此他们便可留在府学读书，称"府学生员"了。新秀才一时闲不得，先被集中到官署大堂，领了生员行头，然后要参加簪花之礼。可不要小看这些礼节，这可是古代士子盼望的一刻，对那些没中的人来说，更是羡慕嫉妒恨。因为中秀才的意义远不止可以继续参加科考，还享受很多特权，比如免服劳役，不受乡里侵害，见了州县官也不用下跪，行"揖礼"（即双手抱拳作揖）即可，总之不再是"草民"，已半属于官府。穿上秀才行头，再去拜见学政大人、司训太爷；礼毕后再去孔庙拜谒孔老夫子像，接着到学宫明伦堂喝一口泮池水，吟咏《诗经·鲁颂·泮水》，抑扬顿挫，十分庄重典雅。

思乐泮水，薄采其芹，鲁侯戾止，言观其旗。
其旗茷茷，鸾声哕哕，无小无大，从公于迈。

思乐泮水，薄采其藻，鲁侯戾止，其马蹻蹻。
其马蹻蹻，其音昭昭，载色载笑，匪怒伊教。

思乐泮水，薄采其茆，鲁侯戾止，在泮饮酒。
既饮旨酒，永锡难老，顺彼长道，屈此群丑。

穆穆鲁侯，敬明其德，敬慎威仪，维民之则。
允文允武，昭假烈祖，靡有不孝，自求伊祜。

明明鲁侯，克明其德，既作泮宫，淮夷攸服。
矫矫虎臣，在泮献馘，淑问如皋陶，在泮献囚。

济济多士，克广德心，桓桓于征，狄彼东南。
烝烝皇皇，不吴不扬，不告于訩，在泮献功。

角弓其觩，束矢其搜，戎车孔博，徒御无斁。
既克淮夷，孔淑不逆，式固尔犹，淮夷卒获。

翩彼飞鸮，集于泮林，食我桑黮，怀我好音。
憬彼淮夷，来献其琛，元龟象齿，大赂南金。

　　接下来就是童试中前十名的秀才身披大红花骑马游街了，那叫个热闹！引来苏州城无数的百姓围观，大家你一言我一语，都道是文曲星转世！伯虎忽然有种前所未有的感动，眼睛都湿润了，为父母，也为自己。那种万众瞩目的感觉和那些羡慕的眼神令他有些陶醉，他忽然有点明白了"春风得意马蹄疾，一日看尽长安花"的那种舒展和自豪！

　　终于，热热闹闹的一天结束了。伯虎游街回来后就看到自家酒店里站满了前来贺喜的人们，唐广德脸上那洋溢着的笑意都快掉下来了。这一天伯虎过得晕乎乎的，不知道是忙的，还是被捧

的。总之到了晚上，一切都结束了。唐广德弄了两个小菜，父子俩喝上了。唐广德多年的心血总算看到了回报，该说的话都说完了，只剩下默默享受儿子带来的荣耀。伯虎也很兴奋，天快亮时父亲才回去睡觉。伯虎喝了点酒，毫无困意，正沉醉间忽闻鸡鸣报晓之声，一声清亮的啼声，仿佛划开了宇宙苍穹，之后鸡鸣声便此起彼伏地响起来。伯虎兴之所至，忽有不吐不快之感，乃提笔写下《报晓》诗：

> 武距文冠五色翎，一声啼散满天星；
> 铜壶玉漏金门下，多少王侯勒马听。

想到自己的抱负，接着又写下：

> 头上红冠不用裁，满身雪白走将来；
> 平生不敢轻言语，一叫千门万户开。

写完犹不尽意，想到自己将来必中进士，位极人臣，不禁又续道：

> 血染冠头锦作翎，昂昂气象羽毛新；
> 大明门外朝天客，立马先听第一声。

写完后，伯虎才感觉困倦异常，放下笔，和衣而卧。

狂诞不羁　泮池洗浴

中了秀才后，唐寅和张灵、文壁、都穆便到了苏州府学进学。府学位于苏州城三元坊文庙的后面，是典型庙堂式风格的古代建筑，红砖绿瓦，极具中国古典特色。

时光飞逝，转眼间伯虎已在苏州府学三年，期间虽学习八股制艺无趣，幸运的是有一帮朋友相耍、喝酒斗诗、笑侃天下，不但不觉枯燥，反而感觉时光飞逝。几人都是年少轻狂，又自视才高，常有狂诞不羁之事发生。

一日，赶上府学休息，伯虎正自无聊，张灵神秘兮兮地跑来，问伯虎说：

"有好酒你喝不喝？"

"当然喝！在哪里？"伯虎急不可耐地问道。

"我听说今天知府大人和几个朋友要在虎丘山喝酒赋诗，你我何不去蹭壶好酒喝？"张灵说话时眼睛都在放光，一副急不可耐的样子。

"好，咱们马上出发。不过我想让知府大人看看苏州的才士，咱们扮成乞丐怎么样？"伯虎一脸坏笑道。

"妙极！快走！"张灵道。

还未到山上，二人就闻到了醉人的酒肉香，肚子里的馋虫顿时被勾了出来，暗道："消息果

虎丘

真不假"，二人加快了脚步。

终于听到了众人喝酒赋诗的笑声，二人赶紧把身上衣服撕破，就地打了一个滚，从树上掰了一根小树枝，挂着就奔了上去。

时任苏州知府曹凤，字鸣歧，号西野，河南新蔡县古吕镇人。曹凤自幼聪慧，勤奋读书，忠诚好义，刚直不阿。明成化十三年（1477 年）举于乡，成化十七年（1481 年）与苏州文林同中进士。这位曹知府也是一位爱慕风雅之人，今日约了几位友人在山上赋诗抒怀。

这时，忽然听到下面吵闹之声，叫上衙役一问，方知下面有两个乞丐闻听知府大人在此饮酒赋诗，也想赋诗一首，弄点儿酒喝。衙役喝止他们，怎奈两人不肯退下。曹凤笑言道：

"素知苏州人才辈出，难道乞丐也是满腹诗才不成？既不肯走，带上来我看。"

伯虎和张灵被带了上来。曹知府看此二人虽衣服破烂，内里却透着一股灵气，不似乞丐。此时也不便细问，先试试才能如何。

"你二人若作得好诗，便有好酒赏赐；若作不出，打三十大板，以示惩戒！"曹凤对他们说道。

"多谢大人，我二人定能赚得大人一壶好酒喝。"伯虎不谦虚地说。

"且不要吹嘘，作诗来。"曹凤一边催，一边命人拿笔墨纸砚伺候。伯虎不客气，挥笔写下：

"一上一上又一上"，写完便停下来。众人看他写的粗浅，且又停笔，心想他是才尽，便嘲笑起来，叫道："叫花子写不出来就别硬撑，等着挨板子吧！"伯虎不理，环视一下众人，又接下去写道：

"一上直到高山上"，众人更是哄笑道："叫花子只会上，小心知府大人把你打得屁股开花哟。"

伯虎笑笑，提笔续道："举头红日白云低，五湖四海皆一望。"

"好诗，好诗！"众人叹道。

曹知府也暗叹："苏州果真人杰地灵，叫花子尚且如此才学！"便对伯虎道："花子，这壶好酒就赏你二人了。"

伯虎毫不客气，揣起酒壶就走，张灵忙不迭地跟上，二人就这样在众人的惊诧中扬长而去。

在府学里，最宽敞的要数明伦堂了，经常很多学子在这里谈谈学问，论论八股，说说笑话，做做诗词，很是热闹。在明伦堂前，有一泓池水，称为泮池。泮池是一个半月形水池，意即"泮宫之池"，它是官学的标志。在古代"诸侯不得观四方，故缺东以南，半天子之学，故曰泮宫。"泮池清澈见底，水深不过半米，池上有拱桥相连。古代士子考中秀才后，跨过拱桥，进入文庙正殿，称之为"入泮"。

明宪宗成化二十四年（1488 年）夏，唐伯虎十九岁。这天，生员们正在明伦堂和泮池的空地里聚集，因为督学方志方大人要来视察。此时正是南方最炎热的时候，生员们个个汗流浃背，平时舍不得上身的学袍早就被汗浸湿了，督学却迟迟不到，弄得众人怨声载道。伯虎也早已热得不行，只感觉汗珠顺着裤管一路奔下来，如虫子爬过一般，甚是难受。张灵更是闲散惯了的，今日规规矩矩地站了这么长时间已是少有，何况在这等大日头底下，早已急躁不安。

"我热得消受不了了，伯虎你怎么样？"张灵问道。

"我也不行了，这鬼天气，这糟心的督学！"伯虎不满地骂。

"这会真想跳进水塘里洗个澡。"张灵想起平日里塘里戏耍的畅快，忍不住咕哝道。

突然，他好像想起了什么，坏笑了起来，"我不如……"他话没说完，就刺溜跑向了旁边的泮池，三下两下扒下衣服就跳了下去。

他的这一举动顿时在生员们中间炸开了锅，有人羡慕，有人鄙视，羡慕的人也想下去一洗暑气，鄙视的人则认为张灵此举亵渎了圣地。要知道泮池可是个神圣的地方，有多少学子用诗词歌赋赞叹过泮水，中举时赞泮水，名落孙山时叹泮水，寄宦他乡时忆泮水，当初他们考中秀才时还喝过呢，如今却看……

文壁的眉头早已深皱，虽然与张灵也是朋友，可却十分厌恶张灵此时所为。以如此脏污之体亵渎神圣的泮水，实乃是……文壁为人正直，实在不知用什么语言才能表达自己对张灵此举的不屑和鄙视。文壁，字徵明，平时沉默寡言，甚至有点木讷，没有伯虎和张灵的潇洒狂放之气。他师从大画家沈周，平时不显山露水，属于大器晚成型。一手蝇头小楷，写得细若毫发，工稳匀称，与他的性格倒颇为相称。

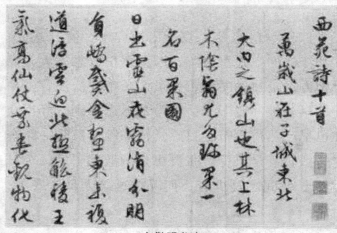

文徵明书法

都穆却不以为意，还不时地与池里的张灵说笑："梦晋，赤屁股凉快吧？"

"凉快得紧，玄敬你有本事就下来！别在上面唧唧歪歪地没出息。"张灵在水里边扑腾边喊话。

伯虎在岸上既羡慕又有点犹豫，他也想下去爽一把，可又有点顾虑，万一督学看到……张灵见伯虎如此，知他犹豫，就激他道："伯虎下来耍耍，敢不敢？"张灵那挑衅的话顿时打消了伯虎的顾虑，什么官的，不管了，跟着跳了下去。看到伯虎也下去了，文壁顿时捶手顿足。

伯虎和梦晋在水里正玩得起兴，哪里顾得别人。文壁怕被督学看见，边看着门口边朝他二人喊道："伯虎、梦晋，你们快上来，小心督学瞧见。"

说曹操曹操就到，文壁话刚落音，就看到一个穿督学官服的人在司训大人陪同下走了进来。现场气氛顿时静了下来，文壁赶紧给池里的两人示警，怎奈督学大人已到跟前，伯虎、梦晋却还湿漉漉地在泮水里扑腾。

督学方志初来府学，没想到迎接他的竟然是两个秀才赤膊在泮水里戏水。顿时脸都气绿了，用他地道的山东话喊道："此乃堂堂府学圣地，你二人竟如此无理，真是有辱斯文，丢尽读书人的脸面。"

司训平时虽不大管这帮生员，可今见他们如此丑行，又是在督学大人面前，也觉得满面无光，气得发呆："你们……"他也不知道骂什么好了。

池里的二人这才爬将上来，一身湿哒哒，直往下滴水。被督学训斥，张灵犹自不服地嘟囔："你们不怕热，躲在屋里，却让

我们在大太阳下晒油干!"伯虎赶忙拉拉他的衣袖，示意他噤声。

一旁的文壁站出来想要为他们分解，不料督学大人是个死板的儒学捍卫者，怎能容忍有人这般玷污泮池，根本不容文壁张口，厉声喝道：

"你们两个听着，从今天起被府学开除了，至于是否革除功名，待本督学通禀完学政大人后再做论处!"

等待的过程是煎熬的，尤其是等待的是被处分。这段时间唐广德和妻子邱氏天天唉声叹气，看见伯虎就一副恨铁不成钢的样子。张灵的日子过得也不轻松，母亲天天眼泪汪汪的，精神都恍惚了。张灵理解母亲，父亲去世得早，母亲一个人把他养大不容易，天天在外面辛苦做工，好不容易儿子有了点儿出息，却又……伯虎和张灵都希望结果快下来，不管如何，总比天天这么忐忑不安地好过。

终于，处分毫不留情地下来了。学政经过一段时间的调查，对二人做出了不同的处分：

革除张灵生员资格，永不得参加科考。

革除唐寅府学学籍，两轮不得参加科考。

伯虎因为是当年头名，且又不是首犯，念他也不容易，就没断了他的前程，给他一个改过自新的机会。唐家跟着都松了一口气，虽六年不得参加科考，可总算还有机会。张灵就惨了。伯虎去安慰他，他竟一点不以为意，潇洒如往日，令伯虎放心不少。虽如此，唐广德觉得儿子太需要管教了，必须赶紧做点儿什么，收收他的野性子才好。

弱冠娶妻　快意人生

唐广德从伯虎的胡闹中体会到必须做些什么，收收他那野性子了。可他也不知道做什么能奏效，也许替他娶房媳妇是个不错的选择。儿子大了，娶了妻成了家就会懂事很多，况且唐氏一门支庶不繁，早点结婚也可多多添丁，这大概是天下所有父母的想法。一旦有了主意，唐广德就行动起来了。他托了好几个熟人和媒婆替伯虎物色一位贤良淑德的妻子，他对儿子抱有厚望，希望能替他寻一个人品贵重的女孩。

听说才子伯虎娶妻，自不乏应征者，但唐广德选得很细致，所以一时还没有定下来。这一日唐广德正在"唐记酒店"忙碌，伯虎的业师徐老夫子踱步进入酒店。伙计一看贵客到了，忙让进里面，向老板禀告。唐广德很快从里面迎了出来，他对伯虎的恩师徐老夫子很是尊敬，忙招呼道"徐先生，您再不来，我也要去拜访您了。"徐老夫子不紧不慢，笑呵呵地问他，"可是为伯虎的亲事？"

"是呀是呀，不知道您有没有合适的成就伯虎啊？"唐广德一边说话一边为徐先生上茶。

"倒还真有一位，是我本家人，秀才徐廷瑞的二女儿，今年十六岁，属马。我这位本家去世得早，这孩子自小与其母相依为命，十分孝顺懂事，性格贤淑，颇知诗书。"徐老夫子顿了顿，呷了一口茶，继续说道："与伯虎门第相当，八字也很合适，不知你意下如何？"

唐广德听得眉开眼笑，终于碰到中意的人选，忙一揖到底，"谢徐老先生成全！"

"那是自然，不消吩咐"，徐老夫子一直把伯虎当自己的孩子看待，且伯虎又是一等的聪明和人品，将来前途不可限量，与本家徐廷瑞的次女十分般配。"如果没问题，我就回去让女家准备准备。等择个良辰吉日，下了聘礼就可以了。还有，都不是豪门大户，不要铺张浪费。"徐老夫子边起身边道。

"多谢老先生！"唐广德恭敬地送出徐老先生。

这一年伯虎十九岁，新娘徐氏十六岁。

虽说徐老先生交代过不许铺张浪费，但毕竟是长子娶亲，且伯虎又前途无限，女方又甚合唐家之意，所以唐广德不该省的一个没省，风风光光、热热闹闹地准备着婚礼的一切。按照当地风俗，娶亲前一日，女家的人先来男家铺设卧房，谓之"铺房"。

娶亲这一天到了。对于男子来说，娶亲是他从男孩成长为男人的最重要的一步，也可谓是他人生的分水岭。伯虎第一次娶亲，女性对他而言，是神秘的、美好的，也是陌生的，这种对异性的矛盾感情使他的心情很复杂，激动、害怕交织。以至于他后来回忆这一天，总感觉有些混乱，甚至记忆里有许多空白。

一大早他就被父亲唐广德喊起来，穿上喜气洋洋的新郎装，骑上被打扮得同样火红的高头大马，在炮竹声和人群的注目下去徐家迎亲。

一路上人们都笑逐颜开，喜气洋洋的氛围包围着、笼罩着迎亲队伍，苏州城也在这一天格外地繁华美丽。伯虎迷迷糊糊地不停地向围观的人们微笑，拱手作揖。在快到徐家时，伯虎听到一阵霹雳啪啦的鞭炮声，知道快到了，赶紧振作了一下，不能在女方家丢人啊！

叩谢了岳母大人和女方家的一些亲戚，终于看到新娘子在众

人的簇拥下出来了，也是一身的大红喜服。待新娘子上了轿，队伍又浩浩荡荡地返回去了。这半幅銮驾的新娘轿子很是威武，而这一天也是每个女孩子最美丽、最风光的一天。徐蔗在轿里激动、期待和伤心缠绕在一起，离家的伤心，对未来生活的期待和向往，以及害羞，全部萦绕心头。

　　婚宴设在阊门里的鸳鸯厅，因其从平面上看，非常像一个纱帽形状，所以又名"纱帽厅"。古话里说，纱帽厅是接圣旨的地方，寓意是仕途顺利。人们通常都讲究个吉利，所以在苏州城里，纱帽厅是很多人办婚宴的首选之地。唐家选在这里举办，可见唐广德对伯虎的期望和对这房媳妇的满意。

　　"一拜天气……"

　　"二拜高堂……"

　　"夫妻对拜……"

　　"送入洞房……"

　　伯虎像只木偶一样，被牵引着完成婚礼的一切礼节。待到宾客散尽，闹洞房的人们离去，新房里一下子安静了下来，这让伯虎有一些不适应了。越这样越觉得不自在，新娘端坐在床上，虽看不到表情，想来也不会轻松。

　　伯虎鼓起勇气揭下了红盖头，也揭开了自己的新生活……

　　徐蔗果然贤良淑德，又颇通诗书，与伯虎二人夫妻和睦，相亲相爱。此时，伯虎家有贤妻，外与一帮好友诗酒唱和，同气同声，渡过了人生中最惬意的一段时光。

　　伯虎因受泮池洗浴的处罚，两科不得参加科考，便没什么紧迫的事情做。一有闲情就与祝允明、都穆、文壁倡古文辞，认为文章莫若古文好，张灵虽不完全赞同他们的文学观点，但诸好友

相聚，岂能不来？众人皆年少轻狂，又都才气横溢，自视甚高，认为自己的文章堪与古人相媲美。除此之外，还都不惜以重金向外界购书，什么奇书、怪书，只要是没见过的，都以宝贝视之，不惜财力购买。便有一些小人，知诸人此爱好，有意编排一些"书籍"，在他们这里卖得好价。伯虎和众人以为得真知灼见，狂喜不已，时人却都在后面讪笑不已。

虽如此，伯虎却不以为意，只要自己生活舒心幸福，何必在意别人怎么说呢！与诸友倡导古文辞之余，追求画艺的提高也是伯虎从没忘记的追求。他常与众人，包括自己的老师周臣、沈周一起切磋画艺，共同提高。此外还时常应邀在诸人的画作上题诗助兴。

伯虎二十一岁这年的春夏之际的一天，一大早就看到老师周臣来找他，手里还拿了一幅卷轴。"伯虎，来来，帮我这幅画题首诗，以润此画。"周臣急切道。老师有吩咐，伯虎慨然应诺。打开卷轴，就见画的是一幅秋图卷，上面已有两首题诗，作者分别是姚公绶、王汝南。伯虎稍加思考，提笔在《听秋图卷》上接着题诗曰：

> 半夜西风两耳悲，二人奋弃九秋时。
> 纸屏掩霭鸟惊梦，玉露凋伤木下枝。
> 白发镜容存小障，清商琴调感孤儿。
> 永思何物堪凭据，满袖啼痕满鬓丝。

一天，伯虎正在家里揣摩唐代仕女图，就见沈周老师的家童相请，让他去沈家一趟。伯虎随家童来到沈家。还未进门，就听

到里面的谈笑之声，知道有佳客在此，忙加快了脚步。

原来客人是朱存理先生。存理字性甫，号野航，治学非常认真，学识广泛且喜欢谈名理。平常要是听说谁有奇书，必定相求一看，或购买之。若是书籍有破损，他一定会亲自修缮以求完整，是个知书爱书之人。与同时朱凯尧民称两朱先生。伯虎很是敬佩他，所以见他在此，很是高兴。沈周见伯虎赶到，马上来招呼道：

"伯虎你来评评理。今日我与朱先生同游鱼子沙，见漫天杨花如雪花般飘撒，煞是壮观，相约作诗咏颂，方不辜负此情此景。他以我年长，让我先来，谁知现在竟不作，留了一段空白下来。你说该怎么处罚他好？"

朱存理笑言："石田先生画笔、诗笔之妙我辈佩服。怎奈我看到杨花后心里颇感伤怀，竟不能再作诗。"

伯虎笑道："既如此，也勉强不来，就罚野航先生老酒一杯，我来替你作了可好？"

朱存理笑道："有劳小友！"

伯虎连连道"不敢当"，走向书桌，看到沈周墨迹未干的《杨花图》，画法精妙，心里暗赞了一声。又见画的右边有《咏柳花》诗一首：

扑面吹衣雪点晴，白漫漫地认春营。

借风为力终无赖，与水何缘却托生。

雀嘴啄金新蕊破，蜂鬓撩玉小团轻。

踏歌女子空连臂，唤不归来信薄情。

还留了一段空白，伯虎稍加酝酿，便提笔在右边写下《送

春》：

> 细雨庭除复送春，倦游肌骨对佳人。
>
> 瓶中芍药如归客，镜里年华属妄尘。
>
> 夜与寸心争蜡烛，泪将残酒共罗巾。
>
> 石州词调扬州梦，收拾东风又一巡。

人们总喜欢沉漫于美好的日子里，但求不要醒来，可天往往不遂人愿。伯虎的好友刘嘉育英年早逝了！嘉育，字协中，他少时即有才名于世，为人所推崇，与伯虎乃总角之友。先前他生病时，伯虎去看过他，当时还曾好言相慰，两人还执手相泣。虽然早有准备，可真正听到他去世的消息后，一时还是无法接受，他才年二十四岁啊！一直以来，生活对伯虎来说，都是惬意的，生机勃勃的，他从未经历死亡，更不知死亡对活着的人来说，意味着什么。好友的英年早逝，使他开始思考生命，思考未来。好友去世，自己能为他做的，就是为之编辑整理遗作，使之传于世。接下来一段时间，伯虎甚少出门，专心为逝去的友人编诗文遗稿二卷。其他朋友也都来帮忙，都穆为之作序，沈周也作诗哀悼。伯虎亲自写了墓志铭，处理好好友身后的一切，尽了做朋友的本分。

死亡的阴影使伯虎很长一段时间都很颓靡，幸好后来祝枝山在乡试中举了，好消息冲淡了他那沉郁已久的心灵，伯虎很为祝枝山高兴，又约了文壁、都穆、张灵等同贺此事。

这一年，伯虎听说福建九鲤湖甚是灵验，能助人圆梦，自己的朋友都穆和吴中的很多人都去过，因此他决定一往，希望能为

自己求一个圆满的前程和未来。

九鲤湖位于福建仙游城东北方向约五十里处的何岭山峦，是一个天然石湖。关于九鲤湖祈梦，相传汉武帝时有何氏兄弟九人，学道于其地，并且最后骑鲤鱼飞升，故此处山水大多以九仙来命名。山上有一座道观，其中塑有九仙像，以及传梦判官。想要祈梦的人，先在判官面前祝祷一番，然后把早已准备好的白颜色的鸡摆在判官神案前。做完这一切，今夜就留宿在此观内，夜里九鲤仙就会托梦与你。不过这梦大多比较隐晦，很多时候要到多年后才能明白它的意义所在。伯虎按照规矩，恭恭敬敬地做完了祭祀工作，就甜甜地进入了梦乡。谁知当夜却梦见有人送他一块墨宝，醒来后虽一时不解，但想着墨靛的寓意总是好的，所以伯虎归来一说，唐家上下都很高兴。

第二章　逆境崛起

亲人病逝　沉湎杜康

唐伯虎二十五岁了，多年来无忧无虑的生活和和睦的夫妻、家庭关系，再加上又有一帮知己相唱和，他活得很滋润，所以显得精神奕奕、神采丰满。除了去年妹妹出嫁这件喜事外，他至今没经历过大的悲欢离合。对于未来将要发生的一切不幸，他没有想到，也毫无准备。

这年四月十七日，伯虎被请去撰写墓志铭。这家主人叫吴东，死者是他的妻子，唐伯虎的任务就是为其妻写一篇墓志铭。伯虎近来替人写了颇多墓志铭，一来他本人才名在外，很多人都请他执笔；二来伯虎也发现，写墓志铭可得到一笔可观的润笔费，动笔杆子对他来说是最容易不过的事，得到的报酬却很可观，总比父亲辛苦经营酒店来得容易。这日伯虎在他家刚把墓志撰写完毕，就见家里的一个年轻伙计火急火燎地跑来找他，伯虎忙问：

"出了什么事？"

小伙计来不及喘口气，就断断续续地说道：　"老爷…老爷他昏倒了，在酒店里…大少爷快回去看看吧！"

伯虎一听父亲晕倒，扔下笔就往酒店跑。

唐记酒店里，老板唐广德被放在一边一间小小的休息室里，这是唐广德平时小憩的地方，很小、很简陋。伯虎奔进来，看到父亲躺在这小小的床上，多年的操劳，使他身体看上去显得干瘪、瘦小。周围围了一大群人，母亲、弟弟，还有店里的伙计和隔壁的张灵。一位老中医在为父亲诊脉，屋里很安静。伯虎奔回来时，弟弟唐申急忙把伯虎拉出了那个屋子。

"听伙计说，父亲正在忙碌时，突然晕倒的……"唐申焦急道。

伯虎忙问："现在情况如何了？"

"只好等老中医号完脉再说了……"唐申带着哭腔道。

这时，兄弟俩看到老中医颤颤巍巍地从屋里出来，忙迎了上去。

"老先生，我父亲情况如何？"

"不太好，积劳成疾，你们做好心理准备……"老中医叹息道。兄弟俩顿时感到天旋地转，有点懵了。

"不过也不是没有一点希望，我开副药，若吃了能见好，则有希望。只是以后不可再劳累、操心，只能安心静养。"听完这话，两人顿时喜出望外，赶紧道谢，送老中医出来。让伙计赶紧去城北抓药，煎好送进来。

回到父亲身边时，发现自己的一班朋友听到消息后都赶来了，梦晋、玄敬、徵明、枝山……

众人安慰伯虎要撑住，这个家还要靠他呢。然后一起帮伯虎把父亲送回吴趋坊的家里。

虽然这几天唐家人都很细致地照顾，但唐广德却不见一点儿

起色，脸色越来越差。伯虎守在父亲床边，他很久没有细致地端详过父亲了，父亲老了，五十岁不到就已经头发灰白，过度的操劳让他的皮肤过早地失去了光泽。

老中医又来看望父亲，伯虎忙让进来，把完脉后，伯虎焦急地问父亲病况，老中医摇了摇头，叹道："油尽灯枯，准备后事吧！"

伯虎一下子觉得天都塌了，原来抱有的一丝侥幸和幻想也被粉碎。想要痛哭一场，可又担心母亲承受不了这个打击。唐广德知道自己将不久于人世，把家人一一叫到身边，嘱托遗言。他嘱咐唐申要孝顺母亲，照顾好酒店生意，嘱咐徐蔗要照顾好家里，说完已累得喘气。顿了顿又示意伯虎上前来，伯虎赶紧走上前来，耳朵贴向父亲哭着说道："父亲请说，孩儿听着呢。"

"伯虎……伯虎……唐家…就靠你了……一定要……得功名……光宗耀祖！要……"

良久，唐广德再也没有说话。伯虎心如刀绞，抱住父亲渐渐冰冷的身体大哭道：

"父亲放心，孩儿一定用心读书，光宗耀祖！"旁边母亲邱氏和妻子、弟弟、妹妹也只是哭泣。

旁边的邻居见状赶忙过来拉开伯虎，把准备好的寿衣在唐广德身体完全僵硬之前给他穿上。

唐广德的去世使唐家一下子失去了主心骨，伯虎作为长子，顺理成章地成为当家者。众人有什么事都问伯虎拿主意，父亲的丧后事宜也都落在了伯虎一个人的肩上。为了让父亲好好地入土为安，伯虎每天忙前忙后，但一向不理家事的他办起事来十分不顺遂。再加上母亲也病倒了，妹妹要照顾母亲，唐家就只有妻子、

弟弟能帮他一些。虽然很繁琐，但是总算一切都办妥了，父亲也已入土为安。伯虎长舒了口气，终于明白了父亲持家的不易。

料理完父亲的后事，伯虎和妻子、弟弟细心周到地照料母亲，使母亲的身体稍有了好转，笼罩在家人脸上的阴霾才稍微散了一些。这一日伯虎正和家人一起给母亲讲笑话逗乐，店里的伙计来报说，来客人了！伯虎不知是谁，就随伙计急忙奔回酒店看究竟。

原来是无锡的妹婿家来人了，妹妹唐月是父亲生前替她选的人家，是做布匹生意的，现在虽妹妹还没过门，可也算是自家亲戚。伯虎忙将来人让进里间，问询来意。

"我们是受胡家所托，来贵府上商议你家小姐过门的事。"来人坐下来，呷了一口茶说。

伯虎略一思忖道："这是好事，但我上有老母，不敢擅做主张，贵客请稍后，吃顿便饭，待我与老母商议后再作答复。可好？"

"这是应当的，大爷请便！"来人拱手道。

伯虎招待客人休息后，就回到吴趋坊的家里同母亲商议，母亲听后沉默了一会儿，叹了口气道："也罢，这样也挺好。正好家里最近诸事不顺，你妹妹嫁出去，借这个喜事为咱家冲冲喜。"伯虎知道母亲舍不得妹妹离开，可女儿总要嫁人的，为了全家，也为了女儿，她不得不忍痛割爱。就这样，一个月后，妹妹就远嫁无锡了，家里一下子又冷清了不少。

可妹妹的冲喜并未能遏制家里的不幸，也没能留住母亲的性命。邱氏在丈夫去世后就一直病歪歪的，虽请了大夫吃了药，可时好时坏，总是不能彻底好了。其实这是种很奇怪的现象，尤其是老夫老妻之间，不管他们平时的关系如何，相敬如宾也好、吵

闹不断也罢，可一旦一方去世了，另一个往往也会紧随而去。伯虎的母亲病了几个月，终究还是没能扛过去，随唐广德走了。伯虎一直记得母亲去世时的情景，母亲不放心他们，不放心家里的老老小小，嘱托伯虎一定要照顾好弟妹，嘱托徐蔗照顾好伯虎，任家人如何地虔诚挽留、祷告，都没能留住母亲。

唐家兄妹几个月间丧父又失母，一下子由父母双全成为了父母双亡的"孤哀子"，真是好不凄惨！再加上这几个月来家里因为办丧事、买药等诸事开销甚大，而伯虎兄弟又不善经营，家里经济越来越拮据。为了给母亲办好丧事，兄弟俩商量着把唐记酒店兑给别人一部分。

办完母亲的事后，伯虎已经精力衰竭了。每天高度紧张的神经，不停地奔波忙碌和为经济问题而发愁，使得他看上去一下子衰老很多。

"唐家怎么像中了邪一样的倒霉，爹娘相继去世，家里也越发困难，这以后的日子可怎么过？"伯虎推开卧室的门，对妻子叹道。

"夫君切不可如此丧气，爹娘虽屡遭不幸，但还有我们在，我们切不可让唐家垮了。"徐蔗看着伯虎日渐憔悴，心疼不已。"只要夫君好好读书，唐家就还有希望。"

伯虎抬头看妻子，发现她有一些病容，忙问她感觉如何。

"我很好，可能是最近有些劳累，休息一阵就好了，夫君不要担心。"

伯虎也不以为意，毕竟妻子还那么年轻，且最近确实太过劳累，就信以为真。想着以后一定多加用功，让妻子过上好日子。

可伯虎毕竟年轻，也太疏忽大意了。过了一段时间，徐蔗非

但没能见好，反而越发严重了。伯虎这才慌了，原来妻子怕给伯虎心里添愁，家里又无积蓄，就没把自己的病当回事，以为扛段时间就会好了，谁知……为此，伯虎心里很内疚，徐蔗与自己琴瑟相和，真心相爱，可爱妻病了，自己竟大意了。他赶紧请了原来的老中医过来替妻子诊治。

"太过劳累，致小产。又没有好好休养，情况不太好啊！"老中医见唐家最近屡遭不幸，实在不忍再告诉伯虎这等消息，可又不得不实言相告。老中医的话让伯虎瞬间打了一个冷战。

"什么？妻子怀孕过？又小产了？自己竟一点也不知道！这……作为丈夫，自己真是太不称职了！"伯虎心里充满了对徐蔗的歉疚和心疼。

"不要为我难过"，徐蔗见伯虎伤心失魂落魄的样子，十分心疼，忙安慰他道：

"自我嫁入唐家以来，上至公婆，下至小叔子、小姑子，对我都是极好的，我一直十分感谢上苍让我嫁到你们家，嫁给你。"

徐蔗顿了顿，"可我徐蔗福薄，不能再陪你走下去了。我一直遗憾没能替你生下一男半女，好不容易怀上了，又没了。感觉十分地对你不住啊！"

"别说了，是我对不住你，没照顾好你。"伯虎泣不成声。

"我走后，你要照顾好自己，切不可伤心过度，让我挂心。"徐蔗说到最后也泪流满面。

可能是话说多了，太累了，徐蔗慢慢地睡着了。伯虎守着她，寸步不敢离。因为自己家里没有女眷，好友梦晋的母亲这段时间天天在这里照顾徐蔗，看着这可怜的一家人，也跟着掉眼泪。

可死神是不讲情面的，他最后还是带走了徐蔗。伯虎看着躺

在怀中的妻子，感觉她就像以前一样，只是睡着了而已，明天天一亮，她就会醒来，对自己笑，和自己说话，安慰自己。一连几个时辰，伯虎就这么抱着妻子，没有眼泪，一动不动。他已经极度伤心，在心里一遍遍控诉上苍对自己的不公。

梦晋和枝山等几个好友帮忙料理了一切，伯虎一直都没能接受这个现实。直到埋葬了妻子，回屋看到那空荡荡的房子，在突然明白了什么叫"失去"，才痛痛快快把这几个月来家里的诸多不幸哭了出来。那种被剜心的感觉让伯虎痛彻心扉，过往的美好生活在如今看来似梦境一般。如果早知道失去如此痛苦，又何苦当初让我拥有。就着朦胧泪眼，用泪水研墨，伯虎写下诔诗《伤内》：

> 凄凄白露零，百卉谢芬芳。
> 槿花易衰歇，桂枝就销亡。
> 迷途无往驾，款款何从将？
> 晓月丽尘梁，白日照春阳。
> 抚景念畴昔，肝裂魂飘扬。

俗话说，祸不单行，福无双至。可伯虎觉得自家简直是祸连着祸，还没从妻子的伤心中走出来，年底又收到嫁到无锡的妹妹的死讯。伯虎已经被灾难和痛苦打击得麻木了，那颗诗人的敏感神经让他承受了太多的痛苦，他无力接受这一切，更无力追究妹妹的死因，一切事宜全交给弟弟唐申去办了。自己只好以笔抒怀，写下了《祭妹文》：

　　呜呼！生死人之常理，……吾生无他伯叔，惟一妹
一弟。先君丑寅之昏。且弟尤稚，以妹幼慧而溺焉。迨
于移床，怀为不置，此寅没齿之疚也。尔来多故，营丧
办棺，备历艰难，扶携窘厄。既而戎疾稍舒，遂归所天。
未几而内艰作，吊赴继来，无所归咎。吾于其死，少且
不俶，支臂之痛，何时释也？今秋尔家袭作著龟，以有
此兆宅，来朝驾车，幽明殊途，永为隔绝。……

　　伯虎开始消极颓废，家里死亡的魔咒虽然停止了，可他失去
的一切已经摧垮了他。那颗脆弱的心灵已经被灾难割裂得支离破
碎。他太痛苦了，唯有当他喝醉的时候痛苦才稍微减弱。他喜欢
上了酒，也喜欢上了去勾栏喝酒。在那里，他放纵着自己的身体，
过滤掉所有反对的声音，试图把灵魂的痛苦忘掉。他狎妓、替妓
女作画，他画了很多的春宫图，老鸨和妓女们也都喜欢他来。可
当他花光钱财之后，身边的女人就越来越少了。到最后，只剩下
一个名叫九娘的歌妓还每天陪着他，照顾他。而且在她的眼睛里，
伯虎还经常能看到怜惜和爱慕。可他顾不上想这许多，他只是来
买醉，买快乐的。

　　朋友们看到伯虎这样，都很担心，不断有人苦口婆心地劝慰
他要想开些，不要总是沉湎于过去，要向前看，想想逝去的人看
到他这样，该多伤心？文徵明为此还专门作诗讽刺他的这种放荡
行为，如《月夜登南楼有怀唐子畏》：

　　　　曲栏风露夜醒然，彩月西流万树烟。

　　　　人语渐微孤笛起，玉郎何处拥婵娟？

可伯虎一句也没听进去，依旧过着"今朝有酒今朝醉"的生活，因为只有在酒醉后的梦里，他才没有失去一切，才能感觉到久违的温暖。

朋友规劝　重新振作

在以后的三年里，伯虎一直过着醉生梦死的日子，不关心酒店生意，也不管弟弟。只有当几个朋友来找他时才稍稍振作一点，与文壁、张灵、都穆等朋友一起讨论画艺，偶尔也作一些画自娱。这几年里他又认识了一些新朋友，其中徐祯卿是他最喜欢的。因为徐祯卿家贫，没钱买书，唐寅常借书给他看，故徐祯卿很感谢唐寅为人。除此之外，他的生活就只剩下"酒"了。

在一个沉醉后的午后，强烈的阳光照射着伯虎颓废的面庞，使他醒了过来，顿感头痛欲裂，口渴难耐。弟弟唐申看到哥哥醒了，赶紧倒了一杯水递到哥哥嘴边。伯虎忽然感到很内疚，与弟弟相比，自己这个做哥哥的实在不像话。同样经历这些残酷打击，可弟弟却不像自己这般懦弱，还主动承担了起来家里的责任，每天在外面辛苦工作挣钱，养活哥哥。唐记酒店由于经营不善和唐家的一系列灾难，早就卖给了别人，兄弟俩的财产现在只剩下吴趋坊这个老屋了。

徐贞卿

"子重，辛苦你了，是哥哥不好，是哥哥懦弱，没能照顾好你。哥哥

……"伯虎哽咽得说不下去了。

"哥哥，弟弟照顾你是应该的。可我还是希望你不要这样了，你这样，糟蹋的是自己的身子啊！"唐申也哭了，"你现在身体很不好，面容憔悴。哥哥你振作起来吧！"

伯虎很吃惊弟弟竟然早已长大了，也很惭愧自己空有满腹诗书，竟不如弟弟坚强。于是他坐了起来，想看看自己到底憔悴成什么样了。揽镜自照，伯虎都呆了，自己不过二十多岁，却已有白发了。这使他感慨万千，提笔写下《白发》诗，聊以自勉：

清朝揽明镜，元首有华丝。

怆然百感兴，雨泣忽成悲。

忧思固逾度，荣卫岂及衰。

天寿不疑天，功名须壮时。

凉风中夜发，皓月经天驰。

君子重言行，努力以自私。

唐寅虽然对弟弟心存内疚，想让自己振作起来，可自己却还是很不争气，勉强忍到下午，又去沽酒买醉了。

他一边喝一边往家里走，刚一脚跨进门槛，就看到好友祝枝山在他们家客厅坐着。见到伯虎又醉醺醺地回来，顿时气不打一处来，也不言语，拉起伯虎就往书房里走。他把伯虎的时文课业全都掼到地上，后来一狠心，把伯虎的画作也都扔到地下，气得颤抖道：

"既然你已经不需要这些了，留着还有什么用，不如我替你烧个干净！你以后就只管喝酒好了，干嘛还留着这些碍眼？"

伯虎也被这突如其来的愤怒吓倒了，也气倒了，朝祝枝山吼道："你干嘛，谁允许你烧它们了？"

"你每天不过是喝酒，要这些东西何用？"作为伯虎的好友，他不得不直言相劝。"伯虎，我知道你心里难受，可总这样活在过去也不行啊。你忘记了唐老伯临终时的嘱咐了？你忘了唐家几代人的夙愿了？"

伯虎一下子呆住了。是啊，父亲临终时的情形历历在目，自己何曾忘记过。这几年来只顾伤心，却忘记了父亲最深沉的期望。

"我听你的。明年是大比之年，我且试着努力一年，如果不能得偿所愿，就放弃功名利禄算了！"伯虎对好友诚恳地说道。

祝枝山听到这话一下子喜出望外，抱住伯虎泣道："好兄弟，你总算醒过来了。只要你肯用功，以你的聪明才学，一定会榜上有名的！"

伯虎十分感激祝枝山的信任和帮助，两人又抱头痛哭起来。

二人正在伤心，忽然听到门外有哭声，原来是文林父子恰好也来看伯虎，唐申把他们引到书房，正赶上祝枝山在劝伯虎。后来他们父子亦有感于此情此景，跟着哭了起来。

"文伯，您来了，还有徵明……"伯虎有些不好意思，"你们坐，我去沏茶。"

"伯虎，这里没有外人，你别忙活了。"文林赶紧拦住伯虎。他一向视伯虎为忘年交，故此，不以长辈自居。

"看你心里的这个坎儿过了，我们就放心了。你只管用心准备，其他的我替你打点好，你不消操心。"文林坐下来对伯虎道。

伯虎听了，鼻子一酸，心里针扎似的疼。他这以往所为真是愧对了老先生的喜爱和信任啊！"多谢文伯，我……"伯虎说不

下去了。文林见此情景，忙转移话题。文壁赶紧将伯虎放在桌上的《白发》拿来递给父亲。

文林读罢此诗，也甚是伤感，想伯虎年纪轻轻竟已有了白发，真是造化弄人啊！可又不能表现出来，以免徒增伯虎伤心。乃故作爽朗道："古人说，'朝如青丝暮成雪'、'少壮能几时，鬓发各已苍'都是叹时光飞逝的。如今你已见白发，徒悲无益，当及时用功上进，方不负平生所学啊！"说着示意儿子文壁铺纸砚。

文壁知父亲意思，忙去准备。文林执笔，当即写下《和伯虎白发诗》：

> 白发新添数百茎，几番拔尽自还生。
> 不如不拔由他白，哪得功夫与白争。

祝枝山读罢忙拍手赞道："文老伯如此乐观旷达，令我等佩服！伯虎我们都应该向老大人学习，你说可对？"

伯虎读罢和诗，环视身边的诸位好友，心里真是非常的感动，这些可爱的人，真心地关怀他。想想以前大家一起诗酒唱和，是何等的畅快，何等的潇洒，自己如此颓废当真不该。这么一想，心里舒服多了。

当夜，伯虎很晚都没睡，一直思考自己的未来。为了勉励自己，特赋诗《夜读》，贴于墙上来激励自己。诗如下：

> 夜来欹枕细思量，独卧残灯漏夜长。
> 深虑鬓毛随世白，不知腰带几时黄。
> 人言死后还三跳，我要生前做一场。

名不显时心不朽，再挑灯火看文章。

网开一面　高中解元

重新拿起四书五经，唐寅都有些陌生了。这几年来一心只用在了诗词书画上，家里的四书五经、八股策论上面已经蒙了一层厚厚的灰尘。可凭借着天生的聪明，他很快捡了起来，憧憬着即将到来的考试。

但是唐寅的人生之路注定是不顺遂的，因为他在"乡试科考"中落榜了。明代科举制度规定，凡是中了秀才功名的都有资格参加乡试中举人，但是在乡试之前，所有的生员（包括府学生员和县学生员）都必须先经过提学考试，即"乡试科考"。如果乡试科考不能录取，生员就不能参加乡试中举人。因此，秀才们的命运，这一刻都握在了提学大人手里。

不得不说，唐伯虎真的运气很差，因为这次朝廷派来的苏州提学，就是当初因为泮池洗浴而将伯虎、张灵开除出府学新任监察御史的方志。方志，字信之，山东兖州人，成化二十三年（1487 年）进士，此人信奉理学，开口仁义道德，闭口德行操守，把诗词歌曲古文同斥为邪道。伯虎和张灵在泮池内洗浴的模样时不时地在他脑中浮现，再加上伯虎又与张灵等喜好古文辞和书画，且行为又放荡不羁，所以伯虎这次的命运可想而知。

这次提学的考试，伯虎和朋友文徵明、都玄敬都参加了，只有张灵因为被革除了秀才功名，没能参加。祝允明有心怜惜这位学生兼好友，邀请他去自己所在的兴宁县衙任幕僚，但张灵一则不放心老母一人在家；二则他过惯了自由自在的生活，受不得衙门拘束，不肯过去。虽然自己不能参加科考，可张灵依然非常关心科考的结果，他的好朋友伯虎等都参加了，再加上伯虎为了考试，因学习过于用功都累病了，作为好友，他便非常在意科考方面的情况。

放榜之日，张灵一大早就守候在府学照壁处，只等一看到结果就跑去告诉伯虎这好消息。谁知考榜下来了，告示上却不见唐寅的名字，文壁的也没有，只有都穆！气得张灵恨不得把考榜告示撕下来，但众目睽睽之下不好下手，方才气鼓鼓地跑去向伯虎告信儿。

果然，伯虎因方志对他有成见不录，那文徵明为何也没被录取？原来文徵明本来不善八股制艺，再加上考试时因紧张、兴奋的缘故，竟然将试卷折纸漏了一页，"跳白"了，结果二人均未被录取。

伯虎此时并不知情，他正在忙着写信呢。原来朝廷起用弃官多年的文林为温州知府，可文林不愿意去，极力向朝廷请辞。伯虎感念文林多年的关怀和偏爱，尤其是每每在自己行将迷失时的及时规劝，才使自己有了今天，便写信相劝，《送文温州序》如下：

　　寅稚冠之岁，跌放不检约。衡山文壁与寅齿相俦，又同井闬，然端懿自持，尚好不同。外相方圆，而实有埙篪之美。壁家君太仆先生，时以过勤居乡，一闻寅纵失，辄痛切督训，不为少假。寅故戒栗强恕，日请益隅坐，幸得远不齿之流。……今先生出刺温，以病谢，不报。赴郡有期，既当为诗以饯，敢又书此，以叙寅之所

以德先生，而无可为报者。

因句句情真，字字意切，文林颇为感动。偏在此时，伯虎被方志斥落的消息传来，文林很是气愤，连道："迂腐！"想到伯虎的才学，又加之伯虎视自己亦师亦友，怎么才能帮他一把呢？

文林很快想到了还有一个人可以挽回唐寅的命运，那就是现任苏州知府曹凤。明代有规定，地方科考之后，还有一次补考的机会，此举旨在避免才学之士在科考中被遗落。这次补考的负责人是当地知府也就是曹凤本人。曹凤一向欣赏伯虎的才学，且他还有最后录遗的权利。也就是说，就算方志将伯虎斥落，只要曹凤愿意，伯虎仍能继续参加乡试。想到这里，文林准备马上去拜访这位曹知府。

事不宜迟，文林随即起身前往知府衙门，临走时将书案上伯虎写的一封信《送文温州序》带上。

知府衙门的后客厅里，苏州知府曹凤和新任的温州知府文林举杯对酌，酒酣耳热之际，文林不失时机地叹道："如今又到了大比之年，不知今年的乡试苏州可有人才中的榜首啊！"

"太仆兄何必自扰，苏州自古多才子，今科必定可一举夺魁！"曹凤安慰道。

"借鸣岐贤弟吉言，今科乡试苏州生员若能一举夺魁，也是贤弟脸上的光彩。"文林举起一盅边敬曹凤边说道，"只是不知什么样的人才能一跃龙门？我这里有一封书信，贤弟看看这人的才学如何？"说着从身上摸出伯虎写的书信递给曹凤。

曹凤也不推辞，接过便浏览起来，还未读完，便不禁大声叫好："文辞诚恳，文笔细腻，着实好笔头。才气绝对不在我等之

下，我看此人是一条龙门燃尾之鱼，不久将化去！"

文林听到这话，知道此事已成，仍作惋惜摇头道："此人纵有真才实学，恐怕也难跃龙门了。"

"却是为何？"曹凤不禁好奇。

文林不紧不慢道："贤弟可还记得几年前有人扮叫花子赚你的酒喝？"

"当然记得，苏州人多才气啊！"曹凤禁不住称赞道。

"此信即是那位叫花子所写。他本不是叫花子，是家住吴趋里的唐寅，那日调皮，扮作叫花子哄你老酒喝。"文林笑眯眯道。

曹凤听完，不禁哈哈大笑："果然有趣，也是个才子，只是稍欠稳重了。但是他为何不能跃龙门了？"

"这几年他经历家庭变故，再不似从前轻佻，已是成熟稳重多了。怎奈提学方大人对他泮池洗浴之事耿耿于怀，在科考中将之斥落，使之不能参加乡试。"文林替伯虎抱屈道。

"方大人也太死板了，几年前小孩子不懂事，处罚也处罚过了，如今也该翻过这一页了，怎么还揪着不放？"曹凤抱怨道，"这样岂不是害了唐寅一辈子，真是太不应该了！"

"是啊，可方提学的秉性你我都清楚，这事还望贤弟能出面转圜。再说才子被科考遗漏是常有的，想来方御史也不是芝麻绿豆胸襟，会把名额抠死。"文林非常客气地请求曹凤。

曹凤本是爱才之人，又加之老友相托，自然用心此事。"太仆兄只管安心去温州上任，此事就放心交给曹某，你只管静候佳音！"

不知道曹知府是怎么和方提学商量的，抑或说是曹凤直接运用"录遗"职权，总之最后伯虎被录取了，只是排在名单末尾。

这些都不重要了，因为困龙一旦有了腾空而起的机会，又怎么会在乎名次呢？大考之后，世界必将重新认识他！

紧张的学习之余，伯虎唯一的爱好就是和诸好友吟诗作画。这年冬天伯虎的好友钱同爱得到了一本宋刻本的《昭明文选》，伯虎和诸好友兴奋极了。要知道《昭明文选》是古代读书人奉为经典的著作，参加科考之人更是对他研读甚深，所谓"文选烂，秀才半"就是这个道理。因此，伯虎、徐祯卿、祝允明、杨循吉、张灵皆有跋语。

到了明孝宗弘治十一年（1498年），伯虎已经二十九岁了。这年他将要参加南京的乡试和明年春天北京的会试，因此学习越发用功，甚少出门。朋友邹衡怕他累坏了，硬是将他生拉硬拽地请出去为自己的《绿香泉图卷》题诗，当时在场的还有戴经、郁能等。伯虎题诗云：

> 伊优金索展银床，满引瑶池碧玉香。
> 闻说一杯甜似蜜，与君相识赋沧浪。
>
> ——苏门唐寅

过了不久，文林将赴温州任，杨循吉组织众人在虎丘摆酒为之践行，伯虎与沈周、韩襄及其从子韩寿椿、朱存理、徐祯卿也都来参加，并赋诗相送。伯虎与文林是亦师亦友的关系，再加上伯虎录榜之事，多亏文林相助，因此伯虎对文林充满了感激敬佩之情。今天他去赴任，伯虎既为他高兴，也非常不舍。赋诗《送文温州》云：

日月组暑，时风布和；

远将伬离，抚筵悲歌。

左右行觞，缉御猥多；

墨札参横，冠带崔峨。

絙弦嘈嘈，嘉木婆娑；

孔雀西南，止于丘阿。

我思悠悠，慷慨奈何！

弘治十一年（1498 年）秋的南京城，非常热闹，异常繁华。因为三年一次的乡试将在这里举行。

自公元 229 年孙权在武昌称帝，并定都南京（时称建业）后，南京城开始了他"六朝古都"的历史。此后，东晋及南朝的宋、齐、梁、陈相继建都于此，还有后来的南唐也建都于此，明太祖朱元璋也于 1368 年建都南京，南京成为了历史上第一个天下一统的首都，迎来了发展史上的高峰。1853 年的太平天国和 1927 年的中华民国也建都于此。

纵观南京城的建都史，有一个很奇怪的现象，那就是"短命"。建都于此的王朝大多是割据政权，且很快就会被消灭，仅有的大一统政权也一个都城北迁，一个很快被取代。异常繁华的南京城为何逃不出这一宿命呢？这是一个令人费解的问题。因为南京城虎踞龙蟠，在地理上历来是有"王气"的。但也许是它的脂粉气太浓了，也许是它的环境太优美了，长居于此，使人丧失了刻苦昂扬的斗志和居安思危的意识。不管怎样，南京城的繁华却是不容置疑的。

永乐十九年（1421 年），明成祖朱棣迁都北京，但南京依然留

了一整套领导班子，成了养老退休之所，成为留都，同时也成为应天（南京）乡试所在地。

这年入秋，应天各地的生员便陆续赶往南京，准备参加乡试。唐寅也与友人都穆、文徵明等一块从苏州赶来。伯虎此行信心满怀，也充满期待。这次乡试既是验证自己一年刻苦用功的成果，又是自己完成老父遗愿、报答师友的机会，因此他踌躇满志，志在必得！

也算见过一些世面、做了充分的思想准备的伯虎还是被南京城的繁华所震撼，因此最初的两天里，伯虎不停地游走于南京的各个场所，饱览着这非同一般的喧嚣与美丽。而且经过这一番游走，伯虎才知道，他这苏州才子的名头竟然还在南京城里尽人皆知，真是意外之喜。只是好友文徵明一向端正自律，不肯和伯虎、都穆一起出去闲耍，每日只管在房中用功。伯虎知他秉性如此，也不勉强。

因未到考试时间，所以伯虎在学习上不敢有丝毫懈怠。除了刚来的两天逛了逛南京城外，其余的时间大都蜷在客栈用功。这一日，伯虎正在研究八股制艺，好友都穆过来。

"伯虎，你不要一味只知用功，也要适当地休息。我今日听得一好事，保准你听了喜欢！"都穆一边上楼，一边朝正在用功的伯虎喊道，说到后面时，甚至颇有些兴奋和骄傲。

"玄敬兄，什么事令你如此兴奋，快说来听听。"伯虎放下书籍，笑脸相迎道。都穆与自己是多年的朋友了，这次又一同来考试，颇有些缘分。

"我听得外面士子嚷嚷说，本地有一通侯（爵位名），很有些爱才的名声，今日在府中大摆宴席，请了无数的才子们来赴宴，

说是还要比赛才艺，拔得头筹者有奖励。"都穆一脸兴奋道。

"奖励不奖励倒在其次，若能在此宴会上一举夺魁扬名，方不失我等苏州才子的本色！"伯虎也很感兴趣。

"那还等什么，咱们不如这就出发！"都穆不由分说拉起伯虎就奔出客栈。

还未到通侯家，就听得一片喧闹之声，门前车水马龙，十分热闹，真是不用问询也知道是哪一家。伯虎与都玄敬进得门来，早有僮仆迎了上来，将伯虎二人安排到了院落一角的一张桌上，原来这通侯有心结交这一帮士子，所以来者不管有无名气、取得功名与否，都不拒。只是这非达官显宦之辈皆被安排到了院落里，院落里摆满了几十桌酒席，现在已是座无虚席。伯虎抬头望去，见厅堂里亦有两席，一席坐着的想是当地官员和本地的致仕官员，另一席则坐着所谓的名流。伯虎有心不通报自己名字，故此被安排到院落的席位里。

虽坐席有别，然席上菜肴却是一般无二，可见这通侯有心，不想怠慢了这些个未来的显贵。待菜品上的差不多了，只见一个管家模样装束的人，向众人作揖道："诸位才俊，我家侯爷十分地敬慕风雅之士，特于今日设下这酒席款待诸位江南学士，也希望诸位几日后能高中举人。"那人顿了顿，接着言道："可酒间一味吃喝终是无趣，也枉费了诸位的才华。所以诸位才俊有谁写得好的，还请不要过谦，展示一二。侯爷说了，写得好的，有重赏！"

士子们顿时激动起来，赏钱倒在其次，若能在诸位大人和士子前展示自己才学，这是一个绝好的机会。

有一个小眼睛、厚嘴唇、嘴角一撇小胡子的学子建议："请侯爷出题，让我等有个斟酌的方向。待写就后，呈献于侯爷。"

"好，既如此，那本侯就不推辞了。"里面的通侯听得激动，就走了出来。"我等所在应天府，有'六朝古都'之美誉，是个钟灵毓秀之地，诸位且以此为题，写得好的奖赏纹银二十两。"

"通侯大人，我写了再吃可好？"伯虎才思泉涌，顿时感到不吐不快，才站起来道。

通侯见是坐在院落一角里的一个年轻人走了出来，丰神俊朗，稍有胡须，真是潇洒人才。一见之下非常喜欢，"好！你且作来。"并吩咐管家，"笔墨伺候！"

"还是小心为上，这里不是苏州。"都穆有些担心伯虎，拉了拉他的衣襟，小声说道。

伯虎也不言，对都穆使了个眼色，示意他放心。走到书案前，略略润笔，提笔写完三百余言的《金粉福地赋》：

> 闽山右姓，策府元勋；玉节凌霄而建，金符弈世而
> 分。位定高明，补娲天以五石；职俾贞观，捧尧日以三
> 云。四库唐书，秘殿分球琳之赐；九州禹跡，丹书镵带
> 砺之文。馆备凤鸾之佳客，卫总虎貔之禁军。载赋卜居，
> 当清谿之曲；列陈支戟，倚赤山之氣。揆定星于北陆，
> 察景日于南熏。篚粉钗金，借灵光于织女；移山变海假
> 福地于茅君。竹苞矣而秩秩，木向荣而欣欣。由余论制，
> 般输运斤。屈戍垂环，朱提涂其兽钮；觚棱戴刃，白羹
> 染其蚕纹。碧锁离离，素女窥月中之影；白榆历历，青
> 龙伏天上之群。丽抗万金，名齐百子。贮四姓之良家，
> 延诸姑与伯姊。鸣屎回廊，探瓢曲水。行行细裥。石榴

蠮抱柱之裙；蠹蠹高墙，海马绣凌波之履。婉娈无名，
秾纤合轨。赋成洛水，陈王尽八斗之才；梦出巫山，楚
帝荐三杯之醴。蝴蝶以胭脂作队，玉树以芙蓉为蕊。瑶
池疏润，演丽于九春；析木分辉，流光于千里。香合麝
脐，痕匀獭髓。九华妆奁，长缄楚国之蕙兰；八宝镜台，
烂斗武家之桃李。映阳光而独照，揽轻尘而四起。习成
雅步，风细细而无声；学得宫妆，月亭亭而不倚。丽轶
西施，贤过邓曼。冠南都之颜色，充中庭之舞万。连环
不解，明珠度寸。扶桑宫里，有夫婿之候；芳草天涯，
有王孙之怨。传霓裳于广寒，织云锦于灵汉；常山罢玉
钗之咏，阿谷置银璜之翰。绣幕围分，春杯长夜；锦衾
灿分，宵灯独旦。别有沙堤，曲通珂岸。黄金建百尺之
台，白玉作九成之观。屏裁云母，隔阆风而不疏；梁镂
郁金，承朝阳而长烂。珠玑错三千之履，紫丝垂七十之
慢。粤若富春，乐彼韶年。河阳之花似霰，宜城之酒如
泉。分曹打马，对局意钱。织锦窦姬荐朝阳之赋，卷衣
秦女和夜月之篇。宝叶映鬓履而雅步，银花逐笑靥而同
圆。丽色难评，万树过墙之杏；韶光独占，一枝出水之
莲。四坐吐茵，无非狎客；两行垂佩，共号神仙；风里
擘衣，接金星而灿烂；月中试管，倚玉树而婵娟。青鸟
黄鸟，尽是瑶池之佳使；大乔小乔，无非铜台之可怜；
单衫裁生仁之杏子，松鬓拥脱壳之蜩蝉；锦袖琵琶，眼
留青于低首；金钗宛转，面发红于近前；一笑倾城兮再
倾国，胡然而帝也胡然天！乐句雕香，舞衣裁缟；步摇
拥翠，葳蕤却火之珠；充耳以黄，联络澄泥之宝。鸳鸯

在梁，永锡难老；金玉满堂，惟躬是保；北门文学，衔题鸾凤；上苑英华，使称花鸟，秋千院落，日五丈而花阴阴；灯火楼台，月三更而人扰扰。帘影内堂，锁声别沼；浮闲馆于波心，飞重阑于木秒。沐池分北湖之新涨，妆镜开西山之清晓。屈曲围屏，高低覆撩；蜘蛛织三更之雨，靡芜咏一庭之草；珠帘以珊珊作钩，翠帐以芙蓉为葆。左思解赋，炼词以十年；竖亥健步，寻源于三岛。神仙多戏，造化无私。海中之地可缩，壶里之天鲜窥，万里石塘，贯八垓之机轴；三重银户，入九曲之摩尼；凌歊借地，嘉福分基。东园颂蛱蝶之嘻矣，南甫赋芍药之伊其。抱明月而长游，乘清风而忘归。毕媒珍异，总摄裒奇。泛神祖于八月，飞车较于三危。汉帝望仙，空驻八公之骅；淮王好士，漫著三山之词。仰看银榜，俯即瑶池。高唐状如日也，弱水可以航之，合天渊于跬步，浑圣凡之二歧。况复主人，实为国华。食客三千之田氏，去天尺五之韦家。丱角领留都之镇，十年开扈从之衔。忘形下士，庄生之鹏鷃；投身事主，介子之龙蛇。皋陶明允，吉甫柔嘉。珠出胎而特莹，玉截肪而无瑕。明哲犹冰之生水，正直岂蓬之在麻。不忮不求，何所用而不藏尽善尽美，将无誉之可加！游艺余情，诵折枝之句；抚绥乘间，燕辞树之花。罗敷罥蚕，碧玉破瓜。神鸾作驾，姮娥离二八之月；灵鹊成桥，天孙下七夕之车。敛珮相磨，笙歌递出。展黛蕊于双眉，斗黄花于半额。桃叶渡头，问团扇之新声：梅根渚上，邀长樯之行客。悠悠万事，付半纸之埃尘；默默微情，托一箱之朱碧。尽

将冶丽之丛，转托高明之宅。后槛前屏，终南少室。树号长春，酒名千日。犹二士之入桃，比四仙之居橘。论道不殊，谋揆则一；借王勃之风，奋江淹之笔。咀兰成咏，汉殿分香。刻叶为题，郑公借术，竭雕虫之薄技，倾铅华而尽述！

"好一个'一笑倾城兮再倾国，胡然而帝也胡然天！'，气势磅礴，不输王子安的《滕王阁序》啊！"通侯颇有鉴赏力，击掌叹道。

底下诸人也都十分赞叹伯虎的才思敏捷，齐叹道："先生此赋一出，我等皆可搁笔了。"

通侯见诸人也都认同伯虎的才学，愈加高兴，乃问道"请问这一位尊姓大名，怠慢之处，还请多海涵。"

"不敢，学生姓唐，名寅，苏州人氏。"伯虎施礼言道。

"原来是苏州才子唐伯虎啊，久闻大名，今日才得一见！"通侯显然早已知道伯虎才名，"如此一来，写出这篇《金粉福地赋》倒不奇怪了。"

底下的诸士子也热闹起来，有的道"见过唐兄的《美人图》"、有的道"读过唐兄的大作"，七嘴八舌，乱成一团。

通侯见众人皆自叹不如伯虎才学，也有心拉拢伯虎，乃吩咐管家道："取赏银来！"

管家应声取来。

通侯亲自将赏银奉于伯虎，且额外多加了十两，"这点银子权当与你买笔墨灯油之用，望你今科夺得头名解元！"

"谢通侯赏赐！谢诸位大人！"伯虎意气风发，红光满面，一

扫父母妻妹亡故后的伤感与颓废。

伯虎被请到了厅堂的席位上，这一顿吃得伯虎心气舒畅，也结识了一帮新朋友。

散席后，伯虎用通侯所赠银两，寻得一家靠近文庙、少受干扰的客栈住下。都穆和新结识的两位朋友无锡钱仁夫和昆山的考生胡诗也搬来同住。

伯虎因得了通侯赏赐，便点了一桌酒菜，请新朋友喝酒。席间大家年龄相仿，几杯酒下肚，便无话不谈。新认识的钱仁夫便夸赞"伯虎高才，傲视群英"，伯虎谦逊道："是诸位客气让步了……"胡诗言道："伯虎兄莫要再谦逊，我等皆是真心佩服你的才学。"伯虎听了高兴，越发豪饮起来。

第二天晌午醒来时头还有点儿疼，昨天喝酒后诸事，竟一点儿也记不得了。看看晌午了，忙起来梳洗完毕，去找旁边屋里的都穆和新结识的朋友，人却都不在，想是出去了。伯虎肚中有些饥饿，便不再找他们，信步走出客栈，想去找些清淡的吃食。因为昨天喝酒，到现在胃里都很不舒服，不敢再吃油腻食物。

走不到半里，伯虎就被一阵清冽的豆香所吸引，放眼望去，原来是路边的一个豆腐摊。一位头发有些花白的老者在叫卖着自己家的豆腐花，生意很好。伯虎此时觉得这食物正对脾胃，又被那豆香勾得迈不动步子，索性先吃一碗再说。老者见伯虎打扮斯文，忙招呼他坐下。

"老人家，你这豆花真香啊，勾得俺馋虫都出来了。"伯虎边坐下边和老者打趣道。

"客官喜欢就好，我这可是有名的老字号了。"老者亦含笑答道。

"老人家，你这豆花怎么还有一股桂花味啊？"伯虎突然闻到一股桂花味，奇怪问道。

"客官说笑了，这桂花香可不是我家豆花的香味，却是沾了前面指挥老爷的光。"老者说话间指了指前面。

伯虎顺着老者所指方向看去，果然见前面一处大院，里面桂花正开得热闹，有几支调皮的枝桠还探出墙来。

"好一处院子！谢老伯指点。"伯虎喝完豆花，结了账，起身告辞。

一路便朝着这院落来，果然越靠近那里桂花香就越浓烈，伯虎尽情地享受着，围着这院落转圈。待到转到另一边时，隐约能看到一栋二层小楼，掩映在桂花丛中，"好个雅致去处"，伯虎暗叹道。

正寻思怎么能进去一饱眼福，却瞅见不远处有一处虚掩的门，仿佛在向他招手一般。伯虎顾不得许多，推门而入。里面果然别有一番洞天，伯虎流连其间，一时忘情，不禁感叹道："真乃人间仙境也！"

"是何人如此大胆，在此喧哗，不知道这是指挥大人内院吗？"突然一阵娇喝，打断了伯虎的思路。

伯虎循声望去，却见一个丫鬟打扮的女孩儿闪在树后窥探自己。忙作了一揖道："梅香姐姐休要惊慌，我是来应试的生员，路过此处被桂花香所吸引，误闯了进来，望姐姐原谅！"

"原来是一位秀才，不知你姓甚名谁，此处是指挥大人内院，你还是赶紧回转了吧！"那丫鬟听得是读书人，稍稍放松了警惕。

"我乃苏州人氏，姓唐，名寅，多谢姐姐提醒，我即刻告退。"伯虎在此作揖道。

恰在此时，一声娇滴滴的声音问道："秋月，你在与何人说话？"声音由远及近。

那丫鬟听得声音，忙奔去，一边还让伯虎速速离去。

伯虎正沉醉在刚才那一声娇滴滴的声音里，猜测着到底是怎样一个美人。虽不情愿，可迟疑了一下，还是准备离开。

"唐公子请留步"，突然那声娇滴滴的声音又起。伯虎听得心里一阵狂喜，忙刹住了前行的脚步。回头望去，果然是一位美娇娘，不禁看呆了。

"久闻唐公子才名，如今看来，果然人才出众！"那小姐轻启朱唇，施礼道。

伯虎如痴如醉，听得那小姐知道自己，越发心花怒放，忙回礼"多谢小姐厚爱，今朝得见小姐芳容，是唐某三生修来的福分！"

"久闻唐公子才华横溢，奴家近日做得一首小诗，无奈才力有限，甚是粗糙，不知唐公子可否赐教一二。"那小姐抬头望着伯虎，眼睛里写满了爱慕之情。

伯虎听得这话，越发不能自已，忙回答"十分荣幸，请小姐赐诗作。"

"秋月，去取笔墨来！"小姐命身边的丫鬟道。

那丫鬟答应一声，不一会儿就返身回来，手里多了笔墨纸砚。那小姐接过笔，写好后让丫鬟递给伯虎。

伯虎接过展开一看，兴奋得差点跳起来。原来那哪里是什么诗作，却是一句话，约他八月十五乡试完后来此赴桑间之约。可又不敢表现出来，只得按耐住内心的激动，煞有介事地评论了一番。这时那丫鬟就催小姐回去，"让老爷看见是要死的。"

那小姐不得不依依不舍地回转，伯虎跟了几步，眼看着她走上楼去。正不舍间，忽见那小姐正回头望自己，眼睛里写满了话语，并向伯虎打了一个"八月十五"的手势。

伯虎一直望着她走进去，又怕被人发现，忙转身从原路出来，往客栈回转。一路上回味着刚才的艳遇，如同做梦一般，可那约会的薛涛笺又切切实实地躺在衣袖里。一想到此事，伯虎脸上掩饰不住地喜悦。

回到客栈，都穆、胡诗和钱仁夫都已经回来，见到伯虎满脸春色，甚是好奇，都穆开玩笑道："伯虎是碰上什么好事了，如此欢喜？"钱仁夫和胡诗也都附和道："是啊，伯虎，有好事和大家分享一下。"

伯虎忙否认，心想此事决不可令他人知晓。众人也没在意，见他不说，也就不再问，忙拉伯虎坐下吃酒。伯虎想起昨天宿醉的难受，有意推辞，怎奈众人不许。且那胡诗见伯虎分明有事，却不肯说，便有意灌醉他，好从他口中套取秘密，更是一意拉伯虎坐下，伯虎推辞不过，只得坐下饮酒。席间胡诗殷勤劝酒。伯虎虽素好酒贪杯，但此事非同一般，不敢喝醉，饮了一会儿就借故回房休息了。

由于马上就要进考场了，伯虎急于用功，便将此事抛于脑后，天天缩在房间里演习八股文。

都穆和钱仁夫也罢了，唯独那胡诗心术不正，猜想伯虎莫非是知道了试题不成？看他昨日那高兴劲儿，必须要找机会一探究竟。既然存了此心，那胡诗便有意观察伯虎行踪。候了几天，伯虎终于外出。胡诗忙潜进伯虎房间，翻阅伯虎的书籍和制艺，终于还是被他翻到了那张书柬。一看之下，大喜过望，心想："如

江南贡院

此风流美事，我何不李代桃僵？待到那日再作计较。"

终于到了考试时间，因为此试在八月份举行，因而又称"秋闱"。考试地点就在贡院，这贡院位于南京城南，有号舍几千间，参加乡试的考生每人一间。考生要准备好三天的吃食，因为考生进入这号舍后便会关门落锁，三天的吃喝拉撒和作文便都在这狭小的空间里进行。考完第一场四书五经后，开门放放风，关上，又是三天。如此九天后，考试结束，院门打开。此时秀才们早已筋疲力尽，体力不好的甚至会生病。不过，好在考完了，伯虎信心满怀地走了出来。

考试之前，应试的生员们忙于复习，根本无暇也没有心情出去游玩，只有在学习之余偶尔出去放松一下，也十分得不尽兴。因此考完这一天是学员们最疯狂的一天。逛逛神圣热闹的夫子庙、美丽清秀的莫愁湖和给人无限遐想及放松的秦淮河，伯虎和都穆等朋友们一起喝酒畅游，好不快活！连一向足不出户的文徵明也不甘寂寞，与众人一起出游，只是斯文得很！待到众人意兴阑珊，才回到客栈休息。此时已是晚饭时节，伯虎因记挂着今晚的约会，晚饭上也不敢肆意喝酒，这让了解伯虎为人的都穆、文徵明有些奇怪，不过这念头一闪而过，很快就被考完后的轻松赶走了。四

人中胡诗也是一个有心事的人，他记挂着替代伯虎去赴约会，本来准备灌醉伯虎。可此时看伯虎无心饮酒，便有些着急，使出了浑身解数灌伯虎酒，又鼓动都穆和钱仁夫劝酒。果然伯虎还是抵御不住美酒和美言的诱惑，喝得酩酊大醉。

等伯虎醒来时，已经漏下四鼓了，伯虎一个激灵坐了起来，方想起昨晚的约会，顿时懊悔不已。"哎呀，误了大事哎！那小姐必定埋怨我胆小怕事，这该如何是好？我向谁解释清楚这爽约之故啊！"想不得许多，只得整理下衣服，洗把脸就朝指挥使府院奔去。

走到半路，就见指挥使家附近一片喧哗，灯火通明，不知发生了什么事。正想找个人问问，就见都穆火急火燎地迎面跑过来，"伯虎，你……你没事吧？"都穆跑得气喘嘘嘘，见到伯虎安然无恙，又惊又喜。

"玄敬兄，你怎么这么问，我这不好好的吗，能有什么事啊？"伯虎诧异地问道。

"你可把我吓得三魂丢了两魄。昨天三更，有人到指挥使大人府的花园里与他家小姐私会，不想被指挥使大人发觉，这指挥使大人大怒，将男女都打死了。我听说是个苏州才子，还以为是你喝醉了出去晃荡……"都穆一口气将事情原委说个明白。

伯虎听得明白，心里诧异道："是谁冒名去赴约的？他又如何得知我与那小姐的私约？"

"既然不是你，我就放心了。"都穆释然道，"只是不知除了你我，还有谁是苏州人？"

伯虎不敢将事情原委说出，此时也说不上是庆幸还是诧异，只是奇怪是谁替自己赴约的。

二人正思索间，钱仁夫神色大变地从那边跑来。"不……不好了，胡诗出事了！"二人忙问怎么回事？胡诗出什么事了？

钱仁夫顿了顿，深呼一口气说道："我探的明白，昨夜胡诗闯进指挥使府中，欲对那小姐不轨，这小姐不知怎地就不愿意，喊叫起来，惊起了指挥使大人。那指挥使大人从胡诗身上搜出了约会的书柬，遂认定二人私通。他如何丢得起这脸面，一怒之下将二人杀死。"

"啊！果真如此？"伯虎又惊又怕，忙问道，心里却又思忖："为什么是胡诗啊？他是怎么知道我与那小姐的约定的？"

"哎，胡诗也是该死，做这种见不得人的勾当！"都穆和钱仁夫都感叹说道。

伯虎心里有鬼，不敢多说什么，更不敢再问，忙拉起他二人回客栈。谁知文徵明竟然不知道外面发生的事，正睡得深沉。伯虎嘴上不说，心里却是真心地佩服文徵明的为人操守。

此次应天乡试的主考官是京城詹事府的从五品司经局太子洗马梁储与翰林院侍读刘机。可不要小看这五品的小官，明代制度，太子洗马是辅佐太子的，教太子政事、文理，而太子又是帝国未来的继承人，梁储将来的前途是不可限量的。所以监临、学政和内外帘官都不敢怠慢，极力察言观色以让主考大人高兴。

可主考大人却不怎么高兴得起来，已阅了许多试卷，竟没有碰到让自己满意的。众人也都睁大了眼，期望能有一份令主考大人高兴的试卷。可主考大人越来越紧皱的眉头让众人心里七上八下、忐忑不安。

"你们来看看这篇文章，思路清晰，文笔流畅……"梁储有些激动地向众人喊道。众人忙围观过来，哪管这文章好坏，看到主

考大人那舒展的笑容，一下子将几天来的紧张氛围释放了，差点喊出"多谢孔老夫子赐这篇文章下来，救了我等"这句话然而嘴里却只管附和道："果然是奇文，梁大人真是慧眼啊！"

副主考也接过文章，大略过目，也慨叹"此文果真是篇奇文，可定为本闱之魁！"

梁储满心欢喜，又为国家觅得一人才，又见众人皆叹好，越发高兴。忙誊抄了一份，打算带回京师给自己的好友和同僚们过目。

监临赶紧动手打开卷宗密封，对号录上考生姓名——唐寅。

第三章　科场罹祸

荣归故里　再娶赴京

与"簪花秀才"相比，"桂榜举人"更为荣耀，这意味着士子们身份和社会地位的巨大变化。科举制度就是如此，每上一级，便高人一等。伯虎和都穆都考中了举人，且伯虎还是第一名的解元！两人自是十分欢喜，就等着参加乡试庆典"鹿鸣宴"了。与中秀才相比，乡试庆典更为隆重，主考、巡抚、学政、新科举人等一并参加。因为考中举人就意味着在一定程度上可以做官了。庆典先由主考、学政等行谢恩礼，然后是新科举人拜见主考和各位官员。接下来由巡抚颁给主考、学政、内外帘官等杯盘、绸缎等，再发给新科举人衣帽，然后大家一起入席，就开始了所谓的"鹿鸣宴"。唐寅高中第一名解元，得以带领大家高唱《鹿鸣》诗。

呦呦鹿鸣，食野之苹。

我有嘉宾，鼓瑟吹笙。

吹笙鼓簧，承筐是将。

人之好我，示我周行。

呦呦鹿鸣，食野之蒿。

我有嘉宾，德音孔昭。

视民不恌，君子是则是效。

我有旨酒，嘉宾式燕以敖。

呦呦鹿鸣，食野之芩。

我有嘉宾，鼓瑟鼓琴。

鼓瑟鼓琴，和乐且湛。

我有旨酒，以燕乐嘉宾之心。

　　文绉绉的鹿鸣诗唱完后，便是热闹疯狂地跳"魁星舞"，这"魁星舞"是众人一起跳。所谓"魁星舞"，是比喻魁星菩萨独占鳌头之姿，预祝新科举人大魁天下，独占鳌头。"魁星舞"是全身运动，头部向左右摆动，两手随时摇摆，左右脚提高密步，扭摆臀部。舞到中间的时候，巡抚大人高呼道："魁星到画堂，提笔做文章。"众人即拿手做笔点三点。众人又舞到左边，巡抚大人又高呼道："生下麒麟子，得中状元郎。"众人又拿手做笔点三点。众人再舞到右边，巡抚大人又高呼道："中三元及第，点富贵双全。"众人再拿手做笔点三点。之后众举子无论怎样放浪形骸，诸位大人也不做约束，这也是乡试庆典的高潮部分。伯虎作为魁首，是全场瞩目的焦点，吸引了无数或羡慕或欣赏的眼光。

　　魁星舞跳完，宴会也差不多了。主考官和副主考命人将大堂清理出来，考生们陆续出去，候在堂外，迎接下一个重要环节：拜座师。

　　伯虎偷瞄了一眼，只见两位主考官神情严肃地端坐正堂，心

里不禁有了一丝紧张。接下来，中举的士子们按名次由低到高，分别进入公堂，在恩师面前跪拜，奉上庚帖和谢师礼。应天府是富庶的鱼米之乡，举子们的谢师礼也都挺丰厚，不一会儿，两位考官面前的桌子就堆满了。虽然考官们没把谢师礼当回事，可看到选取了这许多优秀人才，心中感到颇为欣慰。

伯虎是第一名解元，是最后一位进去行拜师礼的。当他进到大堂时，两位主考官也更加仔细地端详了这位苏州才子，不住地赞叹："果然人才风流啊！"待伯虎拜过庚帖和谢师礼，梁储有意再试伯虎才学，命以今日之盛况赋诗一首。伯虎作揖言道："遵恩师命！"略一思忖，乃赋七律《领解后谢主司》：

> 壮心未宜逐樵渔，泰运咸思备扫除。
> 剑责百金方折阅，玉遭三黜忽沽诸。
> 红绫敢望明年饼，黄绢深惭此日书。
> 三策举场非古赋，上天何以得吹嘘？

梁储大喜，此诗不掩鸿鹄之志，自己眼光果然不错。对旁边的刘机言道："都说江南多才子，如今看来，果然不虚此名。"又对旁边立着的伯虎言道："我很高兴认了你这位学生，以你的资质，只要多加努力，连中三元也不成问题。你这段时间且好生用功，为师回到京城后会在同僚面前多多赞扬你。咱们明年京城见！"

江南的乡试解元，在古代科举中是很高的荣誉。自古江南多才子，而唐伯虎又是第一名的解元，这意味着伯虎已经是一个一流的文人了，成为名人也只是时间的问题。伯虎在一片片恭贺和

祝福声中晕晕乎乎地回到了苏州。这一喜事一扫他往日因家庭悲
剧产生的悲观情绪，内心充满了对生活、对未来的向往和美好期
待，他似乎看到前方无尽的荣华和美好的前程在向他招手。

　　刚到苏州城，就看到了城门上知府曹凤贴的庆贺公告。知府
曹凤很高兴，不仅是因为自己慧眼识珠，提拔了唐寅这个士子，
还因为此次乡试的第一名（解元）、经魁（五经中的第一名）和锁
榜（最后一名）皆是苏州人。所以，他安排吹鼓手和鞭炮等大肆
庆贺。唐寅等老远就看到苏州城门楼上拉下两道彩旗：

　　　　一解一魁无敌手，龙头龙尾尽苏州。

　　耳边听到鼓乐齐鸣，炮声噼里啪啦地燃放起来，路上行人也
都笑逐颜开，喊着"解元公回来了……"，伯虎在这一片热闹声中
被引到了知府衙门。

　　知府大人带头，各路官员都十分给面子，都来参加这喜庆宴，
就连从前的举人也来了很多。唯独提学方志见自己斥落的生员夺
得解元，惭愧得不肯来参加。宴席上又是一番觥筹交错，又是一
番美好祝愿，所有的人都来奉承，那些连中三元的激励抑或是奉
承之语，令伯虎自己都觉得三元不过是自己的囊中之物而已。

　　繁华过后，待到伯虎回到自己吴趋坊的家里，他突然有想哭
的冲动，这一切都来得太晚了，父亲、母亲、妻子、妹妹都没能
分享自己的喜悦，尽管自己如今也算光耀门楣了，可逝去的亲人
们能看得到吗？虽然中了解元，但伯虎已是二十九岁了，将近而
立之年，却一无所有，年少轻狂早已过去，该是有所作为的时候
了。明年三月，在北方那帝国的都城，自己能实现家族和父亲多

年的夙愿吗？

可应酬还远没有结束，唐秀才如今成了唐解元，才名远播，成了达官贵人争相邀请的对象。今日这个财主请，明日那个官员请，今日这个送银子，明日那个攀亲戚，连一向甚少接触的王鏊也通过老师沈周和周臣示好，邀请新科解元去参加其母亲的七十大寿。待到一切安静下来，已是九月底了，马上又将准备明年京城的会试了，伯虎不敢懈怠，一边用功研究制义，一边准备赴京的东西。

好朋友就是不一样，他从不会附庸众人，而是真正做一些令自己欢喜的事。在伯虎游走于各个宴会之间时，好友张灵替伯虎刻了两方印章，一方阳文"南京解元"，另一方是"江南第一风流才子"。伯虎收到礼物后顿时笑逐颜开，觉得甚合自己脾胃，高叫道"知我者，梦晋也！"回到吴趋坊，和张灵在一起，伯虎感到前所未有的轻松，他与张灵的心有灵犀是与任何其他人没有的，张灵就像另一个自己，是心灵不受任何拘束、羁绊的自己。

就在众人都忙于庆贺伯虎高中时，伯虎的授业恩师徐老夫子也没有闲着，他正忙着为伯虎重新定一门媳妇。这一日，他来到吴趋坊伯虎的家里，语重心长地说，"伯虎你丧偶多年了，如今又考中了举人，将来就是有身份的人了，家中不能没有一个女人操持。"徐老夫子顿了顿，抿了口茶，又接着说道：

"我与你又找了一门亲事，新娘姓何，闺名腊梅，原也是官宦之家，后来家道中落了，但也是知书识礼的姑娘。"

不待徐老夫子说完，伯虎心里就像打翻了五味瓶，又是感动，又是难受。感动的是徐老夫子还想着自己的事情，真是如父亲一般；难受的是又想起前妻徐氏和家中双亲病故时的痛楚。在这屋

里，前妻徐氏的一颦一笑、一言一语都还在，可伯虎心里知道，徐老夫子说的是对的，自己不能总是活在过去，自己屋里也确实需要一个持家的女人。前者徐老夫子为自己娶的徐氏非常贤惠，所以他这次也相信徐先生的眼光，就把此事全权托付给了恩师。

送走了徐老先生，伯虎还沉侵于过去的回忆中，这时侄子长民来喊自己吃饭，伯虎这才随小侄子来到弟弟院里。

弟弟唐申和弟妹姚氏，结婚八九年了，弟妹也是一个小户人家的姑娘，很会勤俭持家，只是有些小家子气。两人现今生有两子，七岁的长民和四岁的兆民。伯虎进来时，他夫妻二人正在说话，看到伯虎进来，夫妻二人忙让伯虎坐下吃饭，弟弟唐申陪着兄长坐下，姚氏还在厨下忙活着。唐申先给哥哥斟了一杯酒，兄弟俩对酌起来。弟弟很少这样，伯虎猜想或许他有事要与我商量。果不其然，酒过三巡，唐申开口道：

"我与你弟妹商议，兄长现在没有子嗣，我们想不如把长民过继给你，给你当儿子使唤，日后若兄长有了家室生了子嗣，长民还可以再回来。"唐申不顾姚氏的脸色，说出了最后那句话。

"好好好，这再好不过了，我原也有此意，只是不好开口。"伯虎本来就很喜欢长民，自己又膝下荒凉，早有此心，只是怕弟妹舍不得。此刻听他们主动说起，非常高兴。朝他夫妻二人行一揖，"多谢弟弟、弟妹替为兄操心。"

"一家人莫说两家话。"唐申拉过儿子长民，"来，长民给你大伯磕个头，从此大伯就是你的爹了！"

"长民给爹爹磕头。"长民听得父亲安排，虽不甚明了其中的含义，但他还是很懂事地照做了。他也很喜欢大伯，大伯屋里有好多画笔、书籍，还有很多美人图，长民常缠着伯虎教他。

看着这么可爱的孩子，再看看弟弟儿女绕膝，伯虎很是羡慕，突然想起今天徐老夫子提亲的事，于是就顺便和弟弟说了一下。

"哥哥娶家室是大事也是好事，我和你弟妹会尽力为哥哥操办。"唐申很高兴哥哥要成家的消息，这些年哥哥一个人太苦了，早该找个人照顾他了。

伯虎看弟妹姚氏像是有话却又咽下去了，眼睛盯着长民看。伯虎明白她的意思，乃朗声道"不管她是什么样人，反正长民已是我的儿子，她若不能好生相待，我也不容她。"

姚氏听到这话，顿时喜笑颜开，放心了。

从唐申那出来，伯虎心绪纷乱，无心读书，便踱出家门，信步而去。不知不觉就漫步到了苏香馆，想起苏香馆的歌妓徐素和沈九娘与自己一向相熟，这一段时间忙碌，许久不曾去看望他们了。如今到了门口，少不得走一遭。一个小丫头开门后，伯虎被领到了沈九娘的屋里，却不见徐素。九娘含泪道："解元公许久不曾来此，徐素妹妹前段时间得病去了。"

伯虎乍一听这消息，怔着了，"什么，怎么可能？那个活泼可爱的小徐素竟天命不永，老天实在是残忍。"想起旧日大家一起戏耍，甚是开心，如今她去了，自己怎么也得去坟前祭奠她一番。乃请九娘带路，伯虎又在去的路上买一些烧的纸钱和吃食。

徐素被葬在一处风景秀丽的所在，这也恰好圆了她渴望自由、喜好美景的心愿。伯虎看到那小小的一堆土丘，想到徐素还那么年轻就……心里越发难受起来，放声痛痛快快地大哭了一场，又作诗七律一首《哭妓徐素》：

清波双佩寂无踪，情爱悠悠怨恨重。

残粉黄生银扑面，故衣香寄玉关胸。

月明花向灯前落，春尽人从梦里逢。

再托生来侬未老，好教相见梦姿容。

一旁的九娘看到伯虎如此重情重义，实在是世间难得的好男子，乃暗下心愿，"今生若得陪伴其左右，妾心愿已足！"

唐寅迎来了他第二场婚姻，徐老夫子的介绍，伯虎毫不犹豫就接受了。整个婚礼的程序与第一次没什么区别，唯一不同的是婚礼的排场大大地缩水了。但是伯虎的很多朋友都来恭贺伯虎的大喜之日，因此婚礼这天排场虽然不大，但却是佳客盈门，热闹无比！自唐广德去后，唐家显然已今非昔比，不善经营的兄弟二人勉强度日。因此尽管弟弟唐申尽力想为哥哥把婚礼办得风光一些，可毕竟巧妇难为无米之炊。婚宴也不可能在头婚的纱帽厅了，只好放到了原来的"唐记酒店"，虽现在已不是完全属于唐家，但也有唐家一部分份额。只是这次的新郎官早已不是那个什么事不知的毛头小子了，而是一个历尽沧桑磨难的解元公了。伯虎也没有了头婚的忐忑与激动，例行公事似地迎亲、拜堂……待到闹洞房的朋友们一个个散去，伯虎揭开盖头，才看见盖头下新娘子的真容，倒也不失为清秀端庄。可新娘子的脸上却没有本该有的娇羞模样，竟有一丝愠怒。

伯虎忙问"娘子怎么啦，为何面有愠色？"

新娘何氏也不客气，直言道："原本以为嫁与解元公必定风光无限，却没想到如此简陋，叫奴家实在委屈！"

伯虎凄然一笑，安慰她"我如今是解元，早晚必得中进士，

徐霞客

到时你还怕没有好日子过吗?"

何氏听得在理,顿时喜上眉梢,这才高高兴兴地服侍伯虎安歇。

在伯虎婚礼的客人中,有一位江阴的举人徐经,字衡父,此人家资富裕,所谓"膏腴连延,货泉流溢",但其人却没有一点纨绔子弟的恶习,而是读书颇多,知识广博,喜欢与文人雅士交往,且不惜重金购书,来增加自己的知识。而且他还有一个很有名的后代,即明代著名的旅行家、地理学家徐霞客。此是后话,暂且不表。他早闻苏州唐寅的才名,十分仰慕,特在这婚礼之日持百金为贺以结交伯虎。伯虎也喜欢徐经为人的洒脱直率,因此二人十分相契,共约一起赴京参加会试。

热热闹闹的婚礼后不久,伯虎就已经开始准备进京会试的事了。在明代,举人考试的乡试三年一次,只有在八月份的乡试中举后,才能参加次年三月在京城举办的会试。举子们需要在三月时聚集京师,经过礼部会试,四月十五日放榜,因为此时正是杏花开放时节,与乡试"桂榜"相应,因而人们便称会试放榜为"杏榜"。高中杏榜者为贡士,第一名叫"会元"。就算是中了杏榜,也非万事大吉了,新贡士的试卷还要经过皇帝选派的大臣进行磨勘、检查,贡士本人也要到礼部填写履历表,在殿试参加复试。只有通过了磨勘和复试之后,才有资格参加最高一级的殿试。

若磨勘和复试出了问题，轻者罚停殿试一科或数科，重者除名。主考及其他相关人员也要受到不同程度的处罚。贡士只有通过了殿试，被正式录取的才能成为"进士"。进士分为三甲，一甲三名，就是所谓的状元、探花、榜眼；二甲名额不定，赐进士出身；三甲则赐同进士出身。

弘治十一年（1498 年）冬十月，成婚不久的唐寅撇下新婚燕尔的妻子何氏，与同邑好友都穆不顾凛冽的寒风，踏上了北上的行程。

虽然会试要到明年三月举行，可在没有火车和汽车的古代，去北京只有两种办法，走路或者乘船。俗话说"南船北马"，这是很有道理的，南方水系纵横，骑不得马，却是十分利于乘船。即便是乘船，也要在水中颠簸个把月才能到达京城，而他们要提前到达京城，以便有时间拜谒座师以及达官贵人，为自己的仕途铺路，所以必须早点出发。

都穆和伯虎家境都不富裕，为了节省路费，两人合租一条船，这样既可以互相照应，旅途又有人作伴，不会寂寞无聊。出发的日子很快定下来了，伯虎的妻子何氏，好友张灵、祝枝山、文徵明以及弟弟唐申和儿子长民都来为其送行，都穆的家人也都赶来相送。文徵明这次乡试没能考中，伯虎很是替他惋惜，但文徵明好像也没放在心上，他是大器晚成型，再加上父亲的宽慰，所以很看得开功名利禄。众人一直送到他们乘船的江边，到了不得不话别的时候了。

文徵明有些感伤，"伯虎你是我们中最聪明的，此去你可以功成名就，我等你的好消息。"

张灵嬉皮笑脸道："伯虎你走了，谁陪我耍哉？你若考中了

进士，做了官，可要请我美美地喝上一壶好酒啊！"

祝枝山最是老成，他经历世事颇多，明白人生岂能处处如意，且伯虎性格简单直率，锋芒外露，在卧虎藏龙的京城怕是会招祸患。但此时此刻又不便明言，因此赋诗一首《别唐寅》：

> 长河坚冰至，北风吹衣凉。
> 户庭不可出，送子上河梁。
> 握手三数语，礼不及壶觞。
> 前辕有征夫，同行竟异乡。
> 人生岂有定，日月亦代明。
> 毛裘忽中卷，先风欲飞翔。
> 南北各转首，登途勿徊徨。

伯虎此时正是意气风发的时候，又怎能深刻去体会祝枝山诗中的深意？因此他的远见卓识、良苦用心，伯虎只是草草地接受了。

此时，最依依不舍的大概就是何氏了，新婚不久，夫君就要远行，她含泪嘱咐道："夫君此去要很长时日，但取得功名后，要速派人告知我消息，不要让我等待太久。"伯虎劝慰了她一番，答应她一旦得中，马上派人通知她。何氏又叮嘱书童唐星，让他好生伺候老爷。唐星是伯虎高中解元后，一天在虎丘与诸友人喝酒唱和时认识的一个小乞丐，父母双亡，伯虎看他甚是聪明伶俐，又生得十分乖巧，便给了他十两银子，问他可愿意跟自己做个书童？这小乞丐当然愿意，当天就跟着伯虎回到唐家，取名唐星。这边伯虎和众人一一话别，登船离岸而去！

　　船开了，渐渐驶离了岸边，朝北而去。忽然凛冽寒风中，响起了一串熟悉的歌声，伯虎知道那是苏香馆的沈九娘的声音，她也来为自己送行了。待到歌声渐渐消失时，伯虎早已泪眼朦胧。

　　此去约有一千多里水路，沿大运河北上，折入卫河、白河。一路上与都穆相伴，虽说舟车劳顿，但二人有说有笑，不但没有了旅途的沉闷无聊，反而还觉得时间过得挺快。不知不觉间船已经行到了镇江，但见岸上人声鼎沸、行人往来如织，不愧是有名的富裕之地。伯虎和都穆都欢喜异常，一则一路上奔波劳累，现在终于可以找一家客栈好好休息一下，睡个踏实觉，顺便还可以找一家酒肆打打牙祭；二则伯虎与徐经相约在镇江汇合，现在终于到了此地，徐经家资丰裕，此去京师必有大船，可免受不少小船的颠簸之苦；三则又多了一位朋友相伴，且徐经船上必有消遣解闷的设施，想来后面的旅程将会更加愉快！因此急催船家靠岸，那船家寻得一个渡口，便将船泊了岸。

　　伯虎与都穆此时并不急于找寻徐经的船只，一路舟车劳顿，且腹中饥饿难耐，当务之急是先解决口腹之欲。所以二人付了船钱，令那艄公自行回转苏州后，就急匆匆地上得岸来，沿着一条宽敞的大道走了不过一里多路，就见路旁一家客栈甚是雅洁干净，伯虎一看之下颇合自己心意，看都穆也是一脸满意，主仆三人就一同走了进去。店主人一看是读书人打扮，就知道是赴京应试的举子，很殷勤地将他们领进客栈，安排好吃喝、房间后就退了下去。

　　伯虎这一夜睡得特别沉，直到冬日温暖的阳光由窗户直射到屋内才醒来，这一觉睡得很饱，醒来后顿时显得精神焕发、神采奕奕。书童唐星是个很勤快的小伙子，听到老爷醒来，忙进来伺

候伯虎梳洗。那边都穆也已经醒来，收拾停当后，来到伯虎房里商量饭后去码头那里寻徐经的船只。

二人到了码头，远远地就看见一艘大船停泊在码头上，这船昨日还不曾见，想是刚到不久。船头插着一杆小标旗，上写着大大的"徐"字。

伯虎喜道："玄敬兄，我猜这必是徐经的船只了！"

都穆不禁感叹道："徐经果然家资丰裕，如此般大船非一般人家可有啊！"

徐经乃江阴人士，在其祖父徐颐、父徐元献的影响下，自幼酷爱诗书，乐学不倦。一切家计，都由其母薛氏与妻杨氏掌管，自己则埋头于举业。平时足不出闾，目不窥市。家富藏书，其中有大批从宋、元两代兵荒马乱中幸存下业的古文献，还有不少天文、地理、游记之类的著作。徐家虽富贵，却不似一般的富贵家庭那般尽是纨绔子弟，子孙皆十分喜好读书，热衷于科举名世，徐经的父亲徐元献当年就因为太过用功而累死。所以考中进士是徐经从小的使命，既是徐家家教传统，也是完成父亲意愿的需要。徐经是前科（弘治八年）举人，比唐寅小三岁，可谓是少年得志。

伯虎与都穆便毫不犹疑地朝大船走去，刚一靠近，大船上就有一个管家模样的人朝下面喊道："来人可是苏州才子唐解元老爷吗？"

伯虎的小书童唐星忙扯着他那略显稚嫩的嗓子回话道："我家老爷正是苏州才子唐解元！"

那管家模样的人听得真切，回头朝大船船舱里喊道："老爷，您要等的唐老爷到了！"

转眼间就见大船上立着一个穿着不俗的年轻人，虽富贵逼人，

却一派儒雅之相，没有半点铜臭的世故。见伯虎来到，便作揖行礼，笑呵呵地高声道："伯虎兄，小弟这厢有礼了！"

"衡父老弟，想煞我了！"伯虎还礼道。同时指着身边的都穆道："这是都玄敬，我的同乡，也是参加会试的，我们一起来揩你便宜来了。"

"哦，我想起来了，是在伯虎兄的婚宴上见过面的，大家都是朋友，欢迎欢迎！"

在管家等人的帮助下，伯虎和都穆很快将行李都搬到了徐经的大船上，众人一起上得船来。

果然是富家子弟，不同凡响。那船上堆了十几个大箱子，随行的除了下人、书童还有戏子，一路上载歌载舞，使人完全忘记了旅途的疲乏。

"衡父老弟，不知道的还以为你这是打算做绸缎生意呢？"伯虎看到那一箱箱绫罗绸缎，且与徐经关系很好，并不见外，乃与徐经开玩笑道。

"实不相瞒，这是人事所用啊，一些是为感谢我的恩师程敏政，另一些则是为了结交一些达官贵人。"徐经不拿伯虎当外人，直言道。

伯虎也是性情中人，哈哈一笑，便不再多言。都穆惊讶于徐经的财富和坦诚，也十分喜欢结交此般率直之人，况且自己平白无故地受人恩惠，也不多问。

程敏政

就这样，大船一路北上，三人说说笑笑，闷了就听听小戏；闹了就下下围棋；读书累了就喝喝小酒，互相吹捧一番。徐经是真心地佩服伯虎的才学，且他自知此行不可能高中金榜，只求得中就行，不拘几甲。那都穆很是了解伯虎才学，自思不可能与之比肩，对于徐经对伯虎的高期许，虽心有不甘，但也无可奈何。只有伯虎，一直生活在众人的"连中三元"的逢迎中，似乎有点飘飘然了。就这样，三个人在一起，日子倒也过得十分惬意，十一月中旬时，终于到达了京城。

张扬京师　牢狱之灾

到了北京，徐经、伯虎和都穆三人在同一家客栈安歇了。这天晚上，虽然大家都很累了，可谁都没有丝毫困意，明天一早要去拜见老师和一些同乡显宦，今晚要好好准备一番。

王鏊

第二天一大早，三人便分头行事。徐经要先去座师程敏政那里报到，摸索门路，顺便孝敬点东西；都穆和伯虎分别去拜见自己的同乡和座师，只是他们不像徐经这般家资丰裕，没有拿的出手的宝贝，唯有依靠自己的才学为自己的仕途打开一条通道。

北京城真大啊，那种天子脚下的王者气派令伯虎顿生一丝敬畏和谨慎。伯虎带了唐星到了同乡王鏊那里，王鏊十分高兴，几

个月不见，这个同乡唐解元更加神采奕奕了。宾主坐定毕，王鏊高兴地对伯虎说，"你来了很好，如今京城都知道了苏州唐寅的才名，今番会试，定能不负众望。"

伯虎很惊讶，自己刚到京师，如何已被众人知晓？王鏊看伯虎惊讶的表情，会心笑道："你有所不知，这一切都要归功于你的座师梁大人。他自从返京后，就不停地在公卿、学生间推介你的文章，可谓是不放弃任何一次机会，你早已名扬京师了，呵呵……"

伯虎听后才解脱了疑惑，心里油然而生一股感激之情，梁储对自己的知遇之恩超出了常人所为，自己今科若不能考中，实在是有愧于恩师。

王鏊看伯虎也是性情中人，与自己又是同乡，有心帮他，乃问伯虎："你的同乡，礼部尚书兼翰林学士吴宽你可曾拜会过了？"

"学生刚到此处就来拜访大人，还不曾去拜会过吴天官。"伯虎据实回道。

"你可去拜访一下这位吴大人，大家都是同乡，叙叙同乡之谊，将来也好有个照应。"王鏊果然也很实在，不和伯虎打哈哈。

伯虎真的很感叹自己时运逆转，前几年的晦气果然都一扫而空，如今得到诸位恩师如此相待。他是何等聪明之人，当然明白王鏊的好意，千恩万谢地拜别了王鏊。

从王鏊府中出来，伯虎内心的喜悦之情已是有些按捺不住了，原来京城里的人早已知道自己的大名了！那种刚来时的谨慎和对京城的敬畏已减了五分。看看时间尚早，伯虎就带着书童唐星到处逛逛。这小猴崽子头一次见这种大世面，高兴地不得了，一刻

也不肯闲着。逛的渴了，伯虎就进了临街的一家茶馆，准备要杯茶水润润嗓子。

那是一间二层茶楼，典型的北方建筑。伙计招待很是殷勤，一口一个爷地唤着，顿时让人产生一种高人一等的感觉。伯虎心想果然是帝都，官员众多，估计茶博士也怕万一进来的顾客是哪个大人微服私访，招待不周是要大祸临头的，久而久之才形成了现在这种毕恭毕敬对待每一位客人的习惯。落座后，要了茶水，伯虎环顾四周，茶馆人不少，一看装束就知道有很多是今年应试的举子。大家都在那大声议论今年的会试，茶博士一看客人到了，赶紧来倒茶。他这倒茶的技术更是一流，水柱临空而降，泻入茶碗，翻腾有声；须臾之间，戛然而止，茶水恰与碗口平齐，碗外无一滴水珠。见惯了南方式的细腻，伯虎初见之下甚是惊喜！

刚抿了一口，就听到邻座的议论声一下子大了起来，就听一个人高声叫道："要说当今才士，我说一人，看你们服与不服？"众人听到这话，都催他快说是谁。

那人不紧不慢道："江南第一风流才子，高中解元的唐寅。"

伯虎听到此处愣了一下子，马上禁不住又欢喜起来，"果然京师早已闻我之名。看来今科会元非我莫属了！"

只这样想着，刚才那帮人接下来的话却不曾听见，不过已经不重要了。心里将原本仅存的对京师的五分敬畏也抛向了后脑勺，好友祝枝山临别的嘱托更是抛到了九霄云外，那种在苏州时恃才傲物、忘乎所以、舍我其谁的傲慢统统回来了。

回到客栈，已是晚饭时节，都穆和徐经也都已经回到客栈。徐经的管家很是晓事，早已预定了一桌子菜，三人便入席吃喝起来。伯虎和徐经都很兴奋，看来徐经此行的收获也不小。都穆毕竟比伯虎和徐经大了十多岁，生活阅历相对丰富，人也显得成熟很多，为人比较低调，不似他二人般张扬。所以尽管他二人在那里旁若无人似地口若悬河，都穆话却很少。

"伯虎，程大人今天叮嘱我说，过两天请你过府一叙。"徐经喝了一口酒，歪着头朝伯虎得意地笑说道。

"怎么，程大人也知道我唐寅不成？"伯虎越发惊讶地问，要知道他可是今科会试的主考大人。

"是啊，一开始我也挺纳闷，后来听他说起才知道你老兄的大名早已传遍京城了。"徐经边吃便说道，同时也充满了对伯虎的敬佩。

伯虎早已喜形于色，那种初到京师时的谨慎、收敛一下子放纵出来。周围的人也都围了过来，稀奇地看着这位江南才子，这种众星捧月的感觉让伯虎恍惚身处苏州，周围坐的都是他的几位好友。

吃过晚饭后回到房间，伯虎已经有了些许醉意。不过好在喝酒不多，唐星又帮诸人烫了壶茶，让伯虎清醒了不少。想起白天王鏊大人所说的话，要自己一定去拜访同乡吴宽，以求进益。乃趁着醉意，伏笔疾书，一会写就一篇气势恢宏的《上吴天官书》：

寅再拜：

昔王良适齐，投册而叹；欧冶去越，折剑言词。艺不云售，慨犹若此；况深悲极愤者乎？寅夙遭哀闵，室无强亲，计盐米，图婚嫁，察鸡豚，持门户；……不能不为之愤悒哀伤也！

执事俊榜魁元，清时宰相；羔羊有不渝之节，鸣鹤

得靡忤之道；木绎警众，魏象诏民。裁成风雨，旋转日月；朝廷之师臣，海内之人望。所谓域中银斗高标，海内瑶山共仰矣。寅瞻桑仰梓，得俱井邑；感于斯之义，冒通家之请；仅录所著投闲。嗟乎！平子褥才，乃假声于三都之赋；孟阳后进，敢托途于剑阁之铭。所以得旁展丰谈，直施利笔；苟其不而，则前衍并聚，后悔何寻？寅窃不料反顾微躯，块然一物；若得充后陈之清问，被壁上之余光，则枯骨不朽。故敢伏光范门下请教，不胜惶恐之至！

对于这篇文章，后人袁中郎曾评曰："壮甚"。

写罢，伯虎便不胜困倦，沉沉睡去。

第二天又是很晚才起床，然伯虎却没有了负疚之感，此时的他视前程为探囊取物。因为今天要去拜望同乡吴宽大人，所以他也不敢马虎，精心收拾了自己，带着唐星，兴高采烈地出发了。

吴宽

一切都是那么顺利，吴宽见到唐伯虎的《上吴天官书》很是欣赏，加之又是同乡，于公于私，帮助伯虎都是百利无一害之事。所以吴宽抚着胡须笑言道："伯虎老弟放心，为兄自当为你延誉公卿间，助你金榜题名！"

伯虎听到吴宽的允诺满心欢喜，听到吴宽如此亲切地喊自己，又连说"不敢"。

很快就到了和徐经一起去拜访主考官程敏政的时候了。伯虎很期待这一天的到来，因为除了拜访主考官大人之外，伯虎还有一件事要求程敏政。前两天恩师梁储奉命出使安南，去册封他们的新王。伯虎和其他梁储的门生、同僚等去为他送行，文人才士济济一堂，又赶上中国文化史上颇具文学价值的送别，自然少不了赋诗唱和，如此才符合文人雅士的身份和送别的气氛。伯虎和大家一起都为梁储的南行赋诗留念，因而宴会结束后，竟然整理出一本诗集。伯虎此行就拿着这本诗集，想请程敏政大人评价一番，最主要的是，请程大人为这本诗集作序。

因为程敏政也算是有名的才子，又兼主考身份，若能请的他作序，也是一桩美谈。程敏政出生于武宦世家，从小就很聪明，被誉为"神童"。十岁时就被四川的巡抚罗绮看中，还把他推荐给了皇帝！明英宗命作《瑞雪诗》和《经书义论》，程敏政才思敏捷，见解独到，令英宗十分高兴，破格允许程敏政进入翰林院学习。二十一岁时参加殿试，又获得一甲第二名的好成绩，授翰林院编修，从此进入仕途。后来又娶了大学士、内阁首辅李时的女儿，仕途之路可谓顺风顺水，一直到遇见唐寅和徐经。

有了前段时日的所见所闻，伯虎自忖自己早已名满京华了，遂将在家乡时舍我其谁的嚣张和自负一股脑儿拿出来了。而徐经一向是一个阔公子，张扬惯了的，此二人骑着高头大马，身后跟着一大群仆人和那些徐经装在船上的礼物并五六名衣着华丽、眉清目秀的戏子，一行人浩浩荡荡开进了程敏政家里，果然好气派！

徐经和伯虎都很享受路人的指点，哪里懂得这些行为可能引来的非议和祸端？尤其是徐经的老师被点为主考官后，徐经本应该更加谨慎才好，这样才能获得最大的利益而能为人所接受。可

他们都太单纯了，这里是京城，是危机四伏、利益纷争最严酷的地方。正是这一切利害关系，即使很平常的拜访同乡、前辈都会被穿凿附会，更何况这种事关前程的大事！注定是要被放大关注的。

不久到了太常寺卿程敏政的府上，不过程府朱门紧闭，一大早就在闭门谢客。那些前来送礼拜会的举子都被挡之门外。身为会试主考，谁敢名目张胆地受贿，那不是给对手搬倒自己的机会吗？当然了，对于那些自己人，前门关了，还有后门。

徐经和伯虎抬着礼物就是从"后门"进去的。与刚才在大街上浩浩荡荡的风光不同，后门是安静的。伯虎本来有些缩手缩脚，觉得不光明正大，可看徐经坦坦荡荡的样子，倒好似这事没什么见不得光的，正常的很！遂也放松了一些。

程府的管家已在等候，徐经命仆从将礼物抬进院来，然后留在外面等候，自己和伯虎随管家去见程大人。"果然大府邸，气派不凡"，伯虎跟在后面，忍不住暗叹。

七拐八拐，二人被领到了程大人书房。令伯虎意外的是，自己的同乡吴宽大人也在书房里，陪同程敏政一起坐着。他们进来时，还听到一阵爽朗的笑声，看来他们二人聊得也是非常投机。

"二位大人在上，请受学生一拜！"伯虎说着就要跪下，被吴宽一把拦住，笑言道："不必行此大礼。"那边徐经则规规矩矩地向自己的老师程敏政跪下行礼。

程大人很是亲切，端详了一下伯虎，笑言道："早就听说过苏州唐寅的才名，今日方得一见。你的老师梁储早就让我看过你乡试时文章，果然不错。刚才吴宽大人又给我看了你写的书信，文笔雄壮，是好文章！"

"不敢当，二位大人抬爱了。"伯虎作揖谦虚说道，然心里却又无比欢欣。

程敏政的书房很宽敞，既有文人的书卷气，又有官员的阔绰感。伯虎不敢东张西望，忙低头听他们说话。

"伯虎，你诗文、书画俱称得上上品，要有信心，此番连中三元啊！"吴宽边说边笑着看向程敏政。"若此番能如愿，必将是我朝历史上又一番佳话。"

"唔，我朝历来重视人才，断不会令真才实学者失望！"程敏政语虽含糊，意思却是很明白了。

伯虎看时机不错，忙作揖言道，"学生千里迢迢而来，无甚好东西孝敬大人，只有江南绸缎一匹，聊表心意。"伯虎有些尴尬，因为绸缎乃是徐经所赐。

程敏政会意一笑，言道"伯虎无需客气，朝廷有令，我断不敢收你一文钱。"

"此绵薄之礼非为其他，实是学生还有事相求。"伯虎听程大人拒绝，忙跪下言道。

"哦，请讲。"程敏政命伯虎起来。

伯虎将袖中的诗集递上，"此乃前几天我的恩师梁储南行之时，我与众人将送别的诗作汇总，我等准备将之刻印，还缺一序言。程大人德高望重，名满天下，此序言非程大人不能。"伯虎说完，满怀期待地看着程大人。

"此乃小事，我想程大人断不会拒绝。"吴宽在一旁帮腔道。

程敏政早已翻阅了几篇诗作，看到伯虎的作品，更是赞不绝口，便满口应承下来。命伯虎将诗集权且留下，待仔细阅过后再写序言。

此时，管家进来禀告道："饭菜已经做好，问是否可以开饭？"

程敏政站起来招呼道："今天这里没外人，一起入席。"

与伯虎相比，徐经显得轻松多了，毕竟是自己的老师，自己无须多言，彼此就很明了。听到老师让入席，便也不推辞。伯虎见状，自然不好提其他，便也随大家一起去餐厅。

路上吴宽问伯虎，"你文章带来了吗？"

伯虎忙答道："学生和徐衡父各带了文章。"

梁储接了二人的文章过来，跟他们说道："吃过饭你们且先走，我和程大人要细看看你们的文章。"

一圈拜访下来，伯虎受到了热情的接待，听到了许多的赞许。今日是这位大人有请府上赴宴，明日是那位贵人相邀游玩，伯虎恍惚中似乎已经觉得自己是金榜高中之人。整日流连于觥筹交错之中，与那书籍，却没怎么上心。倒是都穆，因没什么应酬，只好呆在客栈温书，十分羡慕伯虎受诸人追捧的热闹。

李东阳

很快弘治十一年过去了，弘治十二年二月，会试正式开始。程敏政外，还有另外一位主考大人李东阳。

李东阳，字宾之，茶陵人。茶陵派的创始人，明朝孝宗朝的重要谋臣。

会试名为三场会试，三场中尤以首场为重，首场主要测试《四书》制艺，若此篇文章不合格，就算后面的两场你都能完成得很好，亦不能被选中。会试的阅卷工作主要有主考官程敏政和副主考官李东阳来完

成，由于实行糊名制，文章又经过统一誊抄，所以考生是谁，连主考官也不得而知。两位主考大人阅卷过程并不愉快，今年出的制艺题目有些生僻，致使很多考生不知所云，只好胡乱写写，甚至交了白卷。所以很多人第一场出来时就哭了。

伯虎看到题目时也有些意外，转而又心花怒放，这题目是很生僻，不太好答。但这题他曾做过，记得还做过读书笔记来着，印象深刻，此时做来得心应手。"别人答不上来，我能！此科必得傲视群英！"伯虎暗喜。

三场考完后，伯虎高高兴兴地走出考场，信心十足，中贡士断没有问题了，如果运气好，说不定真能中会元！

春风得意地回到旅馆，徐经和都穆已经回来了。都穆苦着脸，想是答得不太理想。谁知道呢，他一向对自己要求苛刻，且不喜张扬，不知道实际答得怎么样。倒是徐经也喜气洋洋地令伯虎意外，那么冷僻的题目，徐经似乎不太可能答上来。或许自己小看他了，亦或许，他心态好，想得开。

到后来伯虎才知道，这两个猜测都不对。

有一次徐经忍不住得意，道出了原委。原来徐经毕竟是程敏政的学生，去他家拜访的机会自然多，有一次就扯到了做学问要读万卷书上来了。程敏政教诲道"做学问不仅要博览群书，海纳百川，还要精研细读，两者不可偏颇。"说完随手从旁边的书桌上拿起一本书言道"这本书你们经常读，看似烂熟于心，实则还是有很多问题，你们并不完全了解。"徐经很敏感地记住了那本书的名字，回来后就把那本书仔仔细细地推敲了一遍，没想到还真考了。虽然他只是一知半解，却已经让他觉得幸运，仿佛捡了很大的便宜。

伯虎这才恍然大悟，徐经果然好运气，不过也多亏了他这次的细心啊。

离放榜还有一些日子，又没有了考试的压力，举子们便经常一起喝酒聊天，东拉西扯。

阅卷室里，程敏政和李东阳很恼火，就算试题有点偏，可举子们也不至于如此差劲啊？这都是举子们平日只知道读那固定的四书五经，对于其他经籍则一概不问，程敏政和李东阳都很痛恶这种为应试而读书的现象，我中华有那么灿烂、博大的文化竟读者寥寥，实在是不应该啊！

眉头紧缩的程敏政正感叹之时，竟然阅到了两份答得非常好的卷子，不仅题目破的有理有据，起承转合也非常恰当，且文章气势不凡，"真是穿着八股旧衣的好文章啊！"程敏政感叹道。一高兴，便忘了忌讳，随口言道："这必是唐伯虎和徐经的卷子，话虽是随便说说的，但这份卷子却是当之无愧的好文章，便用朱笔将这两份试卷勾为头名和二名。"

伯虎和徐经都因下笔流畅，做了好文章，料定别人答得不如自己，加之程敏政又是赏识自己的，就越发张狂起来。还未放榜，便禁不住有心之人起哄，口出狂言，徐经说自己"可中大魁……"，伯虎则更离谱，扬言自己能"高中会元……"这二人单纯豪放，完全没有嗅到危险的气息，更没有留意身边那些人中投来的或妒忌或恶毒的眼光。都穆虽然觉得伯虎太过张扬，有些替伯虎担心，可他转念想到以伯虎之才，定能高中，实在不必过谦，且伯虎光明磊落，何惧之有？

可这种犯忌讳的狂话，借着妒忌的春风，搭上利益的翅膀，很快传遍了京师，纷纷议论声也由小团体传遍今科整个举子集团，

最后不少官员也听说了。一向好管闲事的明朝给事中自然不肯放过这个弹劾政敌、彰显自己尽忠职守的好机会。很快，一个叫华昶的给事中就率先发难了。

明朝中央设有吏、户、礼、兵、刑、工六部，还有制约监督六部的六科，给事中就是六科下设的官吏，品衔不高，权力不小。擅长打小报告，弹劾各级官吏。

作为程敏政的政敌，华昶一向对他盯得很紧，当他综合了程敏政和唐伯虎、徐经的言论后，顿时兴奋起来，这可是千载难逢的好机会啊！有了这个罪名，程敏政完了！

有了大致的构思还不够，古代讲求证据确凿，凭华昶一人之力，想搬倒程敏政是不可能的，且告状也是讲求方法和掌握好火候的。于是他找到了同派之人、礼部大臣傅瀚，二人分析之下，认为此事必有猫腻。于是召来了其他党人开了一次会议，商量如何能将这件事有"可能"变为"证据确凿"。

果然是人多力量大，大家开动脑筋，细心调查研究，于是徐经送礼、唐伯虎的拜会和贿赂等等都被挖了出来，并被重新描绘定义了。大功告成后，华昶便连夜写了一篇洋洋洒洒的数千字的弹劾奏疏，第二天就递到了孝宗皇帝那里。

中国的封建社会，科举乃国家重要的抢才大典，所以历代王朝对科举之事都极为重视，更何况孝宗皇帝是明朝中期较有作为的一位皇帝，更容不得宵小之辈玷污、破坏国家取士之大典？当即召集大臣进一步了解此事，早已准备好的言官和他们背后的势力便将捕风捉影得来的信息添油加醋地描述一番，什么徐经带着大批随从浩浩荡荡地往程敏政家运送礼物了，尚未放榜二人已言之凿凿自己能高中魁首了，等等不一而足。孝宗皇帝当即下旨彻

查科考泄题案，命将案件相关人士程敏政、徐经、唐伯虎收押，并将今科程敏政所阅考卷封存，由副主考李东阳复阅。放榜日期也推迟到了三月初二。

而另一边，伯虎和徐经还不知道已经发生了这许多变故，仍旧如往日一般与众人四处游玩，尽饱京城的壮丽美色，享受着别人的奉承阿谀之言，真是好不乐哉！

正当得意时，孝宗皇帝的使者——锦衣卫就到了。他们可没有文人的斯文，进门就厉声问道："你们这些人谁是徐经，谁是唐寅？"

众人顿时感到诧异，没弄明白怎么回事，一下子愣住了，一时竟无人作答。

锦衣卫见无人答话，又补充威胁道："胆敢藏匿不报者，重罪！"

众人回过神来，徐经站起来怯声道："我是徐经，二位有何见教？"

"和你一起的唐寅呢？"一位像是头目的锦衣卫声音稍显温和地问道。

伯虎心里"咯噔"一下，顿感不妙，暗思"怎么锦衣卫如此这般的……"但迫于形势，不得不站起来，颤声道："我是……"

众锦衣卫不待伯虎把话说完，就如狼似虎地扑来，眨眼功夫，二人就由倜傥风流的江南才子变成了披枷带锁的囚犯，瞬息变化之势把旁边的众学子都吓傻了。

伯虎被如此这般撕扯着，顿时疼痛万分，"为什么抓我们，我们犯了什么罪？"，"我们是应试的举子啊！"

徐经比伯虎略小，从小到大生活一帆风顺，乍惊之下，竟然

傻了，听到伯虎的话，才反应过来，也大声问道："为什么抓我们？我们犯了什么罪？"

"贿赂考官，买题作弊，你们胆子可不小啊，等死吧！"锦衣卫头目幸灾乐祸地说道。

直到被关进了监狱，牢门咣当一声关上的那一刻，伯虎才从锦衣卫头目的话里惊醒过来。好似刚才做了一个噩梦，猛掐自己一把，非常痛，伯虎哀嚎了一声，看来不是梦。

"什么？贿赂考官，买题作弊？这到底是怎么回事？……"伯虎有一肚子的疑问，可牢房里阴暗潮湿，除了老鼠，没人能回答他的疑惑。

他不知道自己身在何处，眼前所见不过是一间阴暗潮湿、污浊不堪的单人牢房，看来自己的"待遇"不低啊！伯虎心里掠过一丝悲凉感，不由得在心里感叹道。想必徐经也和自己一样，被关在单人牢房了。到底发生了什么事，连个商量的人都没有。真希望这一切都只是一场梦，可真实的疼痛感告诉他，这是真的。虽然如此，伯虎还不至于认为事情无可挽回，毕竟自己清者自清！

接下来的两天里，伯虎一个人静静地躺在烂草堆上，除了狱卒送来的发馊到难以下咽的饭食，没有其他人来审过他，更没人来看他。他哪里知道，皇帝亲自下令，把他们二人分别关押，不许任何人送衣食和探望！在这样的环境里，他却反倒清醒了，视觉、感觉、听觉都灵敏起来，回想到京城后的种种行为，他似乎预感到可能与此有关。但是严重到什么程度，却不知道？他这时候多么希望有个人来给他说说，哪怕是审问他也行啊！可是什么都没有，似乎他已经被人完全忘记了。

在没有白天和夜晚的牢房里，浑浑噩噩的，也不知过了几天。

直到有一天，两个恶狠狠的狱卒像拖小鸡一样把他拽出了那间牢房，七拐八绕地来到一个宽阔的所在，一下子将他抢到地上。慢慢适应的伯虎此时才知道自己被收押在了锦衣卫诏狱。伯虎不禁打了一个趔趄。要知道在明朝，进了锦衣诏狱卫几乎就没了生还的可能啊。

"砰"，主审官重重地拍了下惊堂木，"堂下何人，何方人士？报上名来！"伯虎看到他脸上还有掩饰不住的得意，心里不由一沉。可一想自己清清白白的，何惧之有？便朗声答道："举子唐寅，江南吴县人。"

"唐寅，你可知自己犯了何罪？"主审官扬起眉毛问道。

"回禀大人，学生不知！"伯虎没好气地道。心想，"我若知道便好了，也不会觉得这么冤了。"

主审官明显被激怒了，又狠狠地拍了下惊堂木，怒喝道："大胆唐寅，竟敢藐视本官！我且问你，你可曾与江阴举子徐经串谋向今科主考官程敏政行贿？程敏政可曾将会试试题泄露给你们？"

伯虎听到这句话彻底明白怎么回事了，又是诧异又是愤怒，这等无中生有的指控叫人如何服气？便喊道"冤枉啊，大人。程敏政大人是徐经的座师，我也是跟随徐经一起拜望才得以认识，我们并没有贿赂考官、买考题之事啊！"

主审官哪里肯听他的辩解之词，他的任务是审出唐寅、徐经行贿的实据，以便向上峰交差。当即怒道："大胆唐寅，不吃点苦头你是不肯说实话了。来人，与我狠狠得打三十大板！"

伯虎第一次受这等苦楚，不一会就皮开肉绽了，可皮肉之苦完全被内心的屈辱和委屈掩盖了。大庭广众之下，堂堂一介风流才子，被衙役扒了裤子痛打，这让自诩为高雅之士的唐伯虎如何接受？但他深知这指控的严重后果，更明白这指控不仅是要他唐寅和徐经的命，更是要对自己有知遇之恩的程敏政大人的命啊！而且，牵连的人远不会只有这些，自己怎能因受不了痛楚和屈辱而不顾那么多人的身家性命？

"回禀大人"，伯虎有气无力地回道："我确实是去过程大人家里拜访他，他老人家也确实很欣赏我，但我并没有贿赂他，更没有从他那里得到任何关于考题的暗示啊！"说完这句话，伯虎猛咳了一阵，刚才那三十大板打得不轻。

"大胆，吃了苦头还嘴硬"，主审官有点气急败坏了，没想到伯虎一介文人居然还是块硬骨头。"我且问你，你和徐经曾带领几十仆从，前往程敏政家送礼，在京城有目共睹，休得抵赖！"

伯虎咳了一会，已经缓过劲来，听闻此话，"大人，徐经是程大人门生，门生去拜见座师本就无可非议，况且徐经家境富裕，那点礼品对他而言不算什么。"顿了一下，接着道："我与徐经结识，有幸随他一起去拜见程大人，并没有行贿赂之事啊，大人。我唐寅家无余财，根本没钱去向主考行贿啊！"

"休得糊弄本官，如果没有贿赂程敏政，你如何在考场上行云流水一般的答题，又如何笃定自己一定能考得头名？"主审官吹着胡子对唐伯虎吼道。

伯虎听闻此话，后悔万分，"当初真不该夸下如此海口。自己一向自恃才能，可这话叫他人如何相信？"又不能不说，只得以实相告。

果然，主审官被唐伯虎气得脸都绿了，再有才的人在天下举子面前也不敢如此自信，你唐寅糊弄我不成？况且不给你定罪，

我如何向上级交代？只是没想到这看似文弱的书生如此嘴硬，眼看在他这里找不到突破口，只好先押下去，看看另一个怎么样。

伯虎重又被带回了那个阴暗潮湿的小牢房里，与此前不同的是，身上已被打得遍体鳞伤。他此时强忍着身上疼痛，"徐经恐怕也像我一样，免不了受一番折磨。只是此次这事怕是非同一般啊！"

在后来陆续的几次审问中，伯虎无数次地被要求坦白自己和徐经向程敏政贿赂的事，甚至连唐伯虎曾经持帛一匹向程敏政乞求写一篇序言都被拿来作为罪证。

看来那帮人没找到证据，就开始罗织了。伯虎心里很不是滋味，唐星也没来看过他，大概是进不来吧。经过这些天轮番不断的审问、拷打，伯虎已经只剩下半条命了，幸亏这两天审问已不似前段时间严苛了，伯虎才能活下去。

耻不就职　游历山川

伯虎哪里知道，这两天之所以没有再对他进行严刑拷打，是因为会试泄题案有了重大转机。会试卷子经过副主考李东阳和各经主考严加审阅后，遂发现唐寅和徐经俱不在录取名录内，更谈不上中头名和二名了。且二人试卷中的答题思路各不相同，绝不可能是事先准备过的。此时，另一拨审查人员也向孝宗皇帝报告了审查情况，当是时，徐经和唐寅带两大箱江南绸缎去程府拜访时，礼部尚书吴宽也在，并无泄题的情况。

但权力斗争的另一方并不甘心这么失败，于是给事中华昶带领一帮言官，每天弹劾程敏政会试前受贿，即使此次会试没有泄题，也严重违背了朝廷纲纪，希望朝廷明正典刑，以儆效尤。两

下里争执不下，案子一拖再拖，天下举子也都议论纷纷，一时人心不稳。孝宗皇帝也有了早日结案、平息物议的意思，只是苦于双方都不想让，只好暂时搁置。

案子迟迟未结，天下物议如沸。伯虎不知道这些，他还待在锦衣卫的监狱享受单人牢房的待遇呢！虽如此，因为案情有了明显的转化，谁都不知道这件事最后会怎么收场，狱卒们便不似先前那般凶神恶煞，而且竟然也允许家人探望了。伯虎京城没什么亲戚，家里也只剩下弟弟唐申和弟妹，他们是无法到这里来探望自己的，能来的也只有书童唐星了，但是他是没有银两打通这些关节的。伯虎心急如焚，迫切想知道外面的情况。

就这样煎熬了两天，伯虎总算盼来了送消息给他的人——徐经的管家。当伯虎看到徐家的大管家在狱卒的带领下走进来时，既心酸又高兴，眼泪也很不争气地流了下来。多日不见，昔日容光焕发的大管家明显憔悴了，也瘦了。想是这一段时间以来，也没少受折腾。

徐管家看到伯虎的那一刻也是老泪纵横，这还是那个英俊潇洒、风流倜傥的江南才子唐伯虎吗？此时的唐寅和自己主人一样，也被折磨的体无完肤，惨不忍睹！抹了把眼泪，徐管家将带来的食盒和衣服药品等拿给伯虎，哽咽着说"唐老爷……您受苦了，我给您带了点吃的，您……"他实在说不下去了，伯虎此时也难受万分，但他急于知道到底发生了什么？虽然自己有所猜测，但总是不完全明了整个事情的来龙去脉。便急切地问道："徐管家，到底发生了什么事，为什么我们会被关起来了？你家老爷怎么样了？"

"唐老爷，你有所不知。你和我家老爷都被害了！都是那个给

事中华昶，他诬告您和我家老爷贿赂主考程敏政大人，从他那里
买到了会试考题。幸好现在朝中的李东阳大人已经查明白了，您
和我家老爷都不曾买过试题，我这才能进来探望你们。"徐管家抹
了把眼泪，接着道"可是那帮人还是不肯放过你们，还在诬告程
敏政大人和老爷们。现在皇上已经命三法司和锦衣卫共同审理此
案了，可能不久就会过堂。"

徐管家又陆陆续续地说了一些徐经的情况和程敏政也被下狱
的情况，以及这一段时间以来徐家的四方奔走、朝中诸位大人和
同乡对他们二人的声援。伯虎听得心里既感动又发酸，当听到程
敏政大人也受他二人的连累下狱后，更是感觉心如刀绞，十分愧
疚和不安。

果不其然，几天后，三法司和锦衣卫会同审理此案，伯虎仍
然据理力争，力证自己和徐经并没有贿赂考官买题的勾当。而徐
经此次也推翻了以前因为熬不住打而"招供"的供词，明言"前
次乃屈打成招，实不曾向主考官行过贿赂之事！"此时天下举子及
朝中大臣都对这起无厘头的案子怨声载道，弄得皇榜迟迟不发，
大臣人心惶惶，到头来居然是子虚乌有的事情，实在令人惹火！

一直拖到六月份，孝宗皇帝也被弄得很没耐心了，案子双方
每天在他面前吵来吵去，还耽误了发榜，任他是谁，都赶快结束
吧！于是，一纸各打五十大板的诏书将这件轰动全国的案件做了
了解：

程敏政：虽收受贿赂，合谋作弊证据不足，但存在间接泄露
试题给徐经的事实，属于不避嫌疑，有玷文衡，遍招物议，命致
仕（退休）。

华昶：夸大事实，言事不符，扰乱朝廷伦才大典，调南京太

仆寺主簿，降级使用。

唐寅、徐经：孝宗皇帝本来还觉得众人罪责轻重有别，命有司商议后再定惩罚措施，但华昶一党不断上书强调此事的恶劣影响，孝宗被吵得头疼，便直接革去二人功名，斥为小吏！

就这样，孝宗朝闹得轰轰烈烈的科场案才终于落下帷幕。由于程敏政所录取的名单全部作废，本来落榜的举子得以依次替补。可以说，这场科场案毁了很多人，也成就了一些人，其中就包括都穆，使原本录取无望的他得以榜上有名，真是造化弄人啊！后世人出于对华昶的憎恶和对伯虎的同情，编了《唐伯虎点秋香》的故事，里面的华太师大概就是以华昶为原型的。在这个故事里，不仅硬塞给华太师两个傻儿子，还让唐伯虎娶走了他家里最漂亮的丫头！也算是替唐伯虎出了一口气，如果唐伯虎泉下有知，一定也可以释然了。

最让伯虎痛心的就是程敏政了，他因为受这件事牵连，不仅彻底毁掉了辉煌的仕途，还搭上了性命，出狱后四日就因痈毒发作，不治而亡，令人唏嘘！虽然孝宗皇帝没有亏待程敏政的死后荣宠，赠礼部尚书，赐祭葬如例，但斯人已逝，给再多死后的荣宠又有什么意义？伯虎想起程敏政就满心的愧疚，一个对自己有知遇之恩的长者，却受自己牵连把性命都丢掉了。

关于这场科场案实情，到现在都是一个未解之谜，或言此案是程敏政的政敌用来构陷程敏政而发起的进攻，或言是伯虎的同乡兼好友都穆所为，等等，真相究竟是怎样，到现在都没有定论。可能程敏政真的给过二人暗示，这和明朝的门生制度有关。在明朝，要想在朝廷立于不败之地，一要靠老乡之间的互相扶持，再就是门生了，门生和座师之间结成紧密的同盟，这样就算老家伙

下去了，他的门生故吏仍然把持着朝廷，从而保证自己在朝廷的影响力不会消失。程敏政有可能在会试前给自己的中意的举子联络好，一旦中榜，就是自己的门生，这就是所谓的"约定门生"；当然也有可能是一起偶然事件，可是在厚黑学泛滥的中国，这种可能性较小；还有一种说法是认为此事乃都穆所为，但这个可能性已被学者证明是不科学的，因为在伯虎此后的人生里，他与都穆仍是好友，经常合作撰写东西什么的，并没有"老死不相往来"的情况，由此基本可以排除是都穆诬陷的可能性了。正如史书上所说，科场案"事秘，莫能明也！"

从锦衣卫诏狱出来的那一天，伯虎才深切体会到自由的可贵。

当外面刺眼的白光照在他这个多日不见阳光的囚徒的心里时，伯虎竟恍如隔世一般。在生命的长河里，几个月的时间不过是一小段时光，一段可能会被遗忘的过往，可对伯虎而言，则是世界的崩塌和重建。不经历风雨不知阳光的可贵；不经历磨难，便无法体味成功的滋味；不经历牢狱之苦，又怎能体会自由世界的价值。

伯虎的书童唐星和徐经的管家、小厮等早已等候在监狱的大门外，见二人出来，众人赶紧抹掉眼泪迎了上来。初秋的天空已没了夏日的燥热，湛蓝的天空流淌着清新的空气，二人贪婪地呼吸着这久违的自由。这一刻，功名利禄什么的都是浮云，都抵不过大自然这一慷慨、原始的馈赠。

刚回到客栈，就有同乡王鏊前来探望。当看到躺在床上，形容枯槁的二人，再回思几个月前他们那神采奕奕的模样，顿时眼泪婆娑。可官场之黑暗、浑浊，又岂是三言两语能向懵懂的二人道明白的？

"伯虎，我今日来看你，一是受吴宽大人所托，来探望你，并且他还让我告诉你，他已经和浙江那边写过信了，相信你到那里就职时，他们会照顾你的"；王鏊顿了顿，强忍着悲痛道："吴宽大人还让我带话给你，看开些，人生还漫长，以后还会有机会的。再说了，人生何处不精彩啊，做好自己，上天定不负你、历史也定不负你！这也是我的意思，希望你振作起来……"王鏊说不下去了，在血淋淋的现实面前，一切语言都显得那么苍白无力。

王鏊的到来给身心俱损的伯虎带来了一丝慰藉，至少还是有人相信自己、愿意帮助自己的，这份雪中送炭的情谊在此时显得弥足珍贵！"感谢吴大人和王大人！我……"伯虎几度哽咽，连感激的话也说不出口了。

王鏊忙拉住伯虎"不要说了，我等都明白。"说着将一包银子放在伯虎床头，这是我与吴大人的一点心意，你且收下，权当回乡路费及你赴浙江的旅途费，我们也会尽力替你打点今后之事。

"王大人，感谢你和吴大人的好意，可我不想去浙江为吏了。"伯虎鼓起勇气说出思忖了几天的话。

"伯虎，你……不是让你去知府衙门为吏，是去藩台府为吏，那好歹也是八品职啊！"王鏊急切道。

"王大人，不是我不知好歹，我也知道那是八品职，我也十分感激皇恩浩荡，可经此一难，我想清楚了很多事，也知道自己想要什么、适合什么了，总之我已无意于仕途了。"

"以你唐伯虎的才学……这真是太可惜了。"王鏊叹息道："眼下你心境不好，做事可能还在气头上，待冷静下来，再仔细想想，大丈夫要能屈能伸，况且这八品职也是你今后的生活所依啊，万不可轻言放弃！"

伯虎也明白王鏊话中之意，浙吏虽小，却是在生活上给伯虎一个出路，可对于名闻天下的风流才子、江南解元来说，这离梦想太远了。如果不能达成梦想，倒不如彻底放弃，过另一种生活，免得将来睹物伤神。

但伯虎又不忍看着王鏊那关爱的眼神，口气缓和地说"王大人，我听您的，再好好考虑考虑。"

王鏊听到伯虎有回旋的余地，也放心了一些，"自古英雄多磨难，你不要泄气，先调养好身子，剩下的事情以后再说吧。"

王鏊走后，伯虎感觉自己就像一个溺水的人，拼命扑腾，但是毫无效果，身子一直在不停的下沉……

他还是决定回家乡，做一世的布衣，临行前给王鏊写了一封情真意切的信，历数自己的真心话，感谢王大人和诸位大人的关爱之情。

再次踏上徐经家的大船时，船上的诸人早已不复来时的心境了，满船的心灰意冷令船上的每一个人都无精打采。甚至连船行驶翻起的水花都像是受到了感染似的，显得沉闷压抑。

船舱里徐经和伯虎相对而卧，一声接一声地叹气，他们现在行动起来还是不太方便，只能靠这最原始的感官来发泄自己的情绪。午夜梦回，二人还时常被监狱里严刑拷打的画面所惊醒。伯虎还好一些，从小受了不少痛楚，心理承受能力较强。徐经就不同了，年龄小，一直过着富庶的公子哥的生活，没受过什么大风大浪，此一番折磨，他一时如何能接受得了，常常忍不住嘤嘤而泣。男儿有泪不经弹，只是未到伤心处啊！

"朝廷里派系斗争严重，可偏偏我们成了牺牲品，我实在是不甘心啊！伯虎你真的决定放弃浙江藩府……说不定将来还会有出

头之日啊。"徐经心里矛盾，但还是替伯虎感到惋惜。

伯虎叹了一口气，沉默了片刻，"衡父，官场的黑暗你也看到了，像我等这种性格的人在官场混就如同提着脑袋玩火，料定也是必死无疑。"伯虎换了种姿势，接着道"倒不如回转家乡，做一世的风流才子，闲来写幅丹青卖卖，与二三好友相聚痛饮来得自在。"

"你真是一语点醒梦中人啊，伯虎。"徐经拍了自己一个耳光，"回去以后，我要立下家训，凡我的子孙，读书只为通达明理，一律不许参加科考博取功名，取司马迁《史记》'立言'之义。"

"好！好！衡父你这句话说到点子上了，我支持！唉哟……"伯虎由于激动，触动了旧伤，忍不住疼痛叫了出来。

"那你近期有什么打算？"徐经一甩刚才的抑郁之色，充满期待地问伯虎道。

"我想等养好伤之后，遍游大好河山，饱览山川壮丽，体味一下古人且行且歌的潇洒生活，同时也可为我今后的画作积累一些素材。"伯虎若有所思地答道。

"实在是好极了，我支持你。等咱们养好身子，结伴出游，也可减少旅途的寂寞感，你看如何？"徐经显然对出游充满了神往。

"一言为定！"伯虎也兴奋起来，他喜欢徐经的单纯和热情，与他相伴出游，定会令旅途充满乐趣。

不一日到达了镇江，徐经和伯虎都有些黯然神伤，是啊，到了要分别的时候了。

徐经让管家找了一条干净的乌篷船，付了租船的银子（知道伯虎家境不好，一路之上基本包揽了所有的开销），就与伯虎道别，约好过段时间再见。

　　"徐老爷真是个好人！"一向沉默的书童唐星突然来这么一句，着实吓了伯虎一跳。不过他说的话确实很中肯，想起这一路徐经的细心照顾，伯虎确实感激不尽。徐经是那种帮助了你，却也不会令你感到伤自尊的人。

　　船离苏州越来越近，伯虎却越来越局促不安，所谓"近乡情更怯"在这里是最合适不过了。想起当初离家时的意气风发，志在必得；现在灰头土脸地回去，真是无颜见江东父老啊。虽然他一向自诩为风流才子，不在乎外人的眼光，可谁知道他内心真实的心境。那一些怪诞的举动不过是为了掩饰内心的脆弱和对现实不满，却无力改变的挫败感。如果他的内心真的足够强大，又何须这许多的外部掩饰，任外面风云流转，他只要稳坐莲台即可。

　　他知道等待他的将是一场暴风骤雨，他甚至还不知道该怎么应对这一切。可是，由不得他了，不管是什么，他都得去承受。此时的情景，像极了深秋时节还流连在树枝上的枯败的叶子，再想抓住也是枉然，终究要被寒冷的西北风送入泥土里。

　　伯虎一直到后来的很多年都忘不了那天回家的情景，那种羞愧感渗透到了他的骨子里，被指指点点却又要装作没听见的感觉比死还难受。偶尔一两个上来打招呼的，在伯虎看来，对方眼睛里都有掩饰不住的嘲讽。这一段不长的路程，伯虎与其说是走，倒不如说"逃"来得更贴切，早点逃回家里，是伯虎此时唯一的信念。

　　当终于走到家门口时，伯虎既感到亲切，也十分愧疚，脚步也随之沉重起来，他不知道该怎么面对家人失望的眼神。

　　"大爸回来了！长民想死啦！"活泼可爱的长民将正左右为难的伯虎拉进了院子，那手舞足蹈的小模样缓解了伯虎进门的尴尬，

同时也等于告诉家里其他人伯虎回来了。

弟弟唐申和弟妹姚氏都从屋里迎了出来，小侄子兆民也怯怯地跟在他们夫妻后面，多日不见，他对伯虎有些认生。

"哥，回来了！"弟弟唐申简短的问候后，就心疼地看着伯虎那消瘦的身子和憔悴的面容。

弟妹姚氏也云淡风轻地问了一句，"大伯，回来了。"

"嗯，回来了！"心里虽然难受，可也没办法，自己今天成这样，还想让她怎么对自己呢？知足吧！想到这里忙岔开话头，一眼瞅见自家铁将军把守，妻子和丫鬟不知哪去了。不解地问道："他们不在家吗？"

还没等弟弟唐申开口，弟妹姚氏就言道："你去这许多时日，任谁也守不住这家，她回娘家去了。"姚氏叹了口气回屋拿了钥匙，交给伯虎的书童唐星。

"起初她天天在门口等你，算算日子，会试、殿试都过了，还是没等到报子来报喜，反而听说你被锦衣卫抓进了大牢……"姚氏的话还没说完，就被弟弟唐申呵斥打断了，可伯虎早已臊得面红耳赤了……

"大爸，他们打你了吗？你疼不疼，长民给您揉揉好不好！"长民稚嫩的童音缓和了刚才那尴尬的对话，也让伯虎冰凉的心里有了一丝温暖。

"没，没有。他们和大爸闹着玩的，长民不担心啊！"伯虎喉咙艰涩地回应着，内心无比痛楚。

"长民，别闹大爸了"唐申拍了拍儿子的头，接着言道："大爸很累了，让大爸早点回去休息。"伯虎闻听此言，顿时如蒙大赦一般，一下躲进自己的屋里。他的心真的需要休息了。

虽然屋里冷火冷灶的，可这一方天地却给了伯虎足够的庇护，在这里他可以卸下所有的伪装和面具，做一个真实的自己，默默舔尝着内心的伤痕累累。他真的好想大哭一场，可是他不能，这一方天地能给他的庇护也仅限于沉默的宣泄自己的情绪。人只要在这世上一日，便不能毫无顾忌地宣泄，这大概是一个社会人最大的悲哀吧！

坐在自己屋里，伯虎一直沉默着，当伤心达到一定程度时，是没有眼泪的，但他能听到自己的心在滴血，那种痛彻心扉的绝望很容易就把人击垮了。他一直躲在自己的绝望里，以至于张灵来了都没有察觉。

当张灵张梦晋跨进屋门的那一刻，就忍不住鼻子一酸，差点哭出来。看到昔日那个风流倜傥、神采飞扬的好友变成了眼前这般神情呆滞、憔悴不堪，他虽没亲眼见到，也猜到了伯虎过去几个月所受的非人折磨，这一切到底是怎么了？

他没有说话，只是静静地陪他坐着，这一刻什么语言都显得多余，他想通过这种方式告诉伯虎，我会一直陪着你，相信你，就算全世界都背叛了你，至少你还有我这么一个可以信赖的朋友。

伯虎见到了张灵，一直以来绷紧的感情闸门瞬间就崩塌了，两人抱头痛哭起来！是啊，人只有在最亲近的人面前才会卸掉所有的伪装，还原最本真的自己。

"哎哟哟，痛煞我也……"由于张灵抱得太紧，弄疼了伯虎的伤口，才止住了这一场酣畅淋漓的痛哭。

"传言都是真的？你真吃了官司？"张灵赶紧松开双手，急切地问道。

"梦晋，真的，我落得个身败名裂，遍体鳞伤啊！"伯虎哀嚎

道，充满了不甘心。

"走，去我家里，咱们好好说说。"张灵小心地拉着伯虎朝自己家走去。

张灵的母亲并不在家，想是出去做工了。张灵从床下抱出一坛酒来，转念一想伯虎伤口未愈，不宜饮酒，又把那酒推了回去。

"不喝酒了，你给我说说这到底是怎么回事？怎么好端端的就遭这一场大难？是谁陷害你？"张灵一口气问了几个问题。

"管不了那么多了，我心里憋屈，你把酒拿出来，咱们边喝边聊"，伯虎压抑了许久的情绪今日才得舒展，心里舒服很多。

张灵笑笑，把酒抱了出来，他理解伯虎的感受，"他娘的什么都不管了，先痛快了再说！"他暗骂了一句。

伯虎便将京城所发生的一切一五一十地讲给了好友梦晋，张灵在一边听得时而捶胸顿足，时而破口大骂。

当张灵看到伯虎那满身的伤痕时，深切地理解了伯虎为什么拒绝浙吏，因为这伤口不仅是烙在了身上，更深深地刻在了他的心上。士可杀不可辱啊！

一直喝到深夜，酒都喝没了，两人都趴下了，才相互搀扶着直接在张灵那里胡乱对付了一夜。这一夜伯虎睡得香甜，真是久违了的好觉！

第二天一大早，听到消息的文徵明就跑来了，伯虎随将发生的事给他也讲了一遍。"不管怎样，此次多亏了徐经家里奔波打点，众位老师、同乡的营救，才得以捡回这条命来！"伯虎最后含泪补充道。

不管伯虎愿不愿意，他都要面对妻子何氏和她的失望。

妻子何氏也是在第二天听到伯虎归来的消息后，才回转家里

的。只是她的回转很是不情不愿，若不是弟弟唐申告诉她，哥哥伯虎虽丢了进士，没有连中三元，却仍然被朝廷委派为浙江府八品吏……何氏暗自思索了一番："事到如今，自己虽然没能做得状元夫人，可他毕竟还可在官场混得一官半职，也可保今后衣食无忧了……"想到这里，才勉强同意回来。

待回到家里，伯虎初见何氏，满脸的愧疚和不安，以为她必定对自己失望！岂料何氏并没有太让他难堪，反而一口一个官人地叫着。这让伯虎非常诧异，也有一丝的感动，心里顿时涌起一股暖流。他哪里知道何氏的想法呢？"纵然做不得官，好歹也是八品吏，与平民百姓比，也算是官人了！……"如果她知道伯虎根本不打算去浙江就职，肯定就不会这番"懂事"了！

入夜，所谓"久别胜新婚"，伯虎许久不见何氏，又兼之她白天表现得那么懂事，有心与她温存一番。

岂料，何氏满怀期待地来了一句："官人，你打算何时去浙江藩府就职？我也好收拾一番，不至于临时慌乱？"

这一句话如一盆冷水浇醒了梦中的伯虎！原来妻子的懂事竟是建立在以为自己会不顾文人的尊严和脸面去浙江就职，去接受朝廷这不公正的嗟来之食！

"原来她一点都不了解自己！"想到这里，心里不由得感到一阵凄凉，于是冷冰冰地答道："我根本没打算去浙江就职，你还是死了这条心吧……"

伯虎是不愿意回想何氏听到他那句话时的表情的，那张近乎扭曲的脸让他想起都会做噩梦！为了逃避她后面的咆哮与歇斯底里，伯虎抓起外衫就跑了出去，任由身后气急败坏地哭骂声响彻在静谧的夜空和街巷里……

跌跌撞撞地奔走在熟悉的小巷里，伯虎欲哭无泪，入夜的街巷安静得能听到自己的心跳，可他宁愿这心跳停止！想起这近几个月所受的屈辱和糟践，他那颗骄傲的自尊心就生疼。如今自己为天下人所唾弃，为天下人所不容，有家不能回，有国不能报，有才不能展……那种绝望紧紧地抓着他的全部身心，令他如行尸走肉一般游荡在静谧的夜色里。

他不知道能去哪里，只是机械地迈着沉重的双脚，不敢停下来，也不知道能在哪里停下来……

一直到后来走到了一个熟悉的地方，这里让他获得了一丝温暖，他才觉得自己累了……

他病了，头痛欲裂，一段时间以来那郁积在心头的痛楚一股脑儿奔涌而出，他不停地说着胡话，无数次梦到被毒打审问的晦暗片段……只有那双温柔的手能使他安静下来。他朦胧中看到那似仙女一般的身影在自己的病床前不停地忙碌着，他想看清楚，可身体却很不争气。

直到有一天他终于清醒了过来，强烈的光线刺得他眼睛有些疼，过了好一会儿才适应。眼角的余光瞥到床边趴着位熟悉的女子，已经睡着了，像是疲累之极的缘故。仔细一看，那不是沈九娘吗？果然是她！绝对没错！虽然不知道自己为什么在苏香苑里，可这几天照顾自己的一定是九娘无疑了！想到这里，心里不由得一阵温暖、一阵酸楚，没想到最后不嫌弃自己的不是妻子，而是一位歌妓！

真是有情的歌妓胜似无情的妻子啊！伯虎挣扎着想坐起来，这一动就惊醒了旁边睡着的九娘。"解元公且躺着莫动，你病了几天，身子还没恢复，这会儿且养着吧！"

"我没事了，我怎么在这里的？"伯虎顺从地躺下，疑惑地问道。

"解元公前夜晕倒在苏香苑的门口，我正好从外面回来看到了你，当时你病得不轻，只好把你安置在这里养病。如今你终于大好了……"九娘说完长舒了一口气，虽有些面容憔悴，可那种自然流露的对伯虎的关爱之请使他十分感动，在伯虎眼里，此时的九娘美得耀眼！

伯虎一直待到身体完全康复才离开苏香苑，离开九娘。外面的一切事事非非，他没心情管，也管不了那么多了。临别时九娘设宴为他庆祝，既为他康复，也为他大难不死。伯虎向九娘坦露了自己不就浙吏的决定，得到了九娘的赞同和支持，"人生本就无常，也有太多的不确定，解元公才华横溢，诗书画都精通，又何愁没有自己的舞台呢？"

一席话说得伯虎心里暖暖的，非常感动。却还是心口不一地言道："才华有什么用，一文不值，还不如听听曲、喝喝酒来得舒服！"

"解元公万不可作此自暴自弃的言论，走向成功的途径也非此一端，历史上就多有满腹才华者不能在官场上施展抱负，但却往往在其他方面取得夺目的光彩！解元公满腹经纶，书画更是一绝，就算不考取功名，难道就不能在这些方面占据一席之地吗？"

这番话诚恳而实在，没有任何空洞的辞藻和假惺惺的安慰之语，经她悦耳的声音细细道来，如春风一般拂去了多日来郁积在心头的阴霾！

离开苏香苑，回到阔别多日的家里，伯虎觉得妻子何氏那张脸既可恨又可怜，自己娶错了，她也嫁错了……刚刚好起来的心

情顿时又变得沉重起来。顿觉家里烦闷、无趣，随自行信步走上山去，不知不觉间来到了伍子胥庙前。

伍子胥是春秋时期楚国人，因楚平王听信小人谗言，杀死了伍子胥的父亲和哥哥，发誓要报此仇的伍子胥逃到了吴国，辅佐吴王阖闾，并最终借助吴国攻下了楚国的都城，楚平王已死，继位的楚昭王无奈出奔。伍子胥为了泄愤，便将已死的楚平王尸体挖出来，用鞭子抽了三百下。后楚国大臣申包胥求秦国出兵救楚，楚国才算渡过此劫。

伍子胥的塑像虽已斑驳，却一点不损他高大威猛的形象，尤其是那口宝刀，虽蛛网尘封，但看上去依旧锋利沉重，犹如在诉说着那个古老的、有关家国之恨的故事！历史的沧桑巨变总能牵起文人敏感的神经，伯虎看着眼前这斑驳的塑像，想象着遥远时空里曾发生的故事，不禁有感而发，即兴作诗《题伍子胥庙壁》：

伍子胥庙

　　白马曾骑踏海潮，由来吴地说前朝。

　　眼前多少不平事，愿与将军借宝刀。

　　如果说世上有一样东西是任何人都无法控制的，那无疑就是时间了。它不会因为你的权势或者你的落魄而稍停自己的脚步，它给予所有人一个一视同仁的机会。冬天很快就来了，弘治丁巳冬十一月，徵明的父亲——文林在温州病重的消息传来，文徵明即登上了南下温州的路程。得知一向对自己照顾有加的文林前辈病重，伯虎心里更添了一份悲伤，连一向对鬼神敬而远之的他也在心里默念，希望众神能够保佑文林化险为夷。

　　但徵明还是带回来文林病逝的消息，伯虎十分悲伤，专门写文祭悼老先生："维弘治十二年十一月廿七日，学生唐寅谨以修脯，致奠于故温州太守文先生之灵：惟兮温州，番番令杰。文为国纪，武振邦竭。……仰号再俯，不胜怅咽。三泉有知，歆其芳洁。"

　　徵明是个孝子，父亲的病逝令他悲痛欲绝，结庐守孝三年是再正常不过了。伯虎唯一能做的就是经常陪着哀伤的朋友，规劝他节哀顺变。可伯虎自己又何尝能够忘记伤痛、快乐起来呢？

　　很快时间就迈入了年底，不管过去这一年是富足还是贫穷，功成名就还是失意落魄，都已经过去了。过年的目的就是忘却以前的，迎接新的起点。但伯虎的新年过得并不好，妻子何氏原本抱有一丝幻想，希望伯虎能改变主意去浙江就职，可等了这几月，伯虎非但没改变主意，每日还沉醉于杜康，流连于勾栏，眼看新年将近，家中却无米下锅。更可气的是，他前些时日还卖了自己的藏书一部给朋友朱存理买驴……何氏想起这些肺都要气炸了，这日子没法过了，自己怎么嫁了这么一个窝囊废、衰命鬼啊！终于在经过一场激烈的争吵后，何氏得到了自己想要的休书和自由，伯虎也获得了久违的安宁！

这年底还是有一件令伯虎愉快的事，自己的老师周臣带来了三个年轻人和自己相识，一个是二十二岁的徐祯卿，字昌谷；一个人是十七岁的王宠，字履吉；一个是十多岁的仇英，字实父。这三人都是年轻一辈才华卓著者，他们很倾慕伯虎的才情，伯虎也非常高兴认识这三位才华横溢的后起之秀，这算是这个多事之年唯一的精神慰藉吧！

不管世间有多少伤心事，也不管世间有多少失意人，时间还是马不停蹄地奔跑着迎来了新年。明孝宗弘治十三年，伯虎三十一岁了，已过而立之年，但伯虎却一无所成，甚至连家室都失去了。只能孤独地"享受"着因科场案而造成的为天人所不齿的屈辱，个中苦楚，我们可以从他写给文徵明的《与文徵明书》中窥见一斑。

寅白徵明君卿：

窃尝闻之，累吁可以当泣，痛言可以譬哀。故姜氏叹于室，而坚城为之隳堞；荆柯议于朝，而壮士为之徵剑。良以情之所感，木石动容；而事之所激，生有不顾也。昔每论此，废书而叹；不意今者，事集于仆。哀哉哀哉！此亦命矣！俯首自分，死丧无日，括囊泣血，群于鸟兽。而吾卿犹以英雄期仆，忘其罪累，殷勤教督，鳌竭怀素。缺然不报，是马迁之志，不达于任侯；少卿之心，不信于

苏季也。……而后昆山焚如，玉石皆毁；下流难处，众恶所归。缱丝成网罗，狼众乃食人；马鬃切白玉，三言变慈母。海内遂以寅为不齿之士，握拳张胆，若赴仇敌。知与不知，毕指而唾，辱亦甚矣！整冠李下，掇墨甑中；仆虽聋盲，亦知罪也。当衡者哀怜其穷，点检旧章，责为部邮；将使积劳补过，循资干禄。而遽蒦戚施，俯仰异态；士也可杀，不能再辱。……兹所经由，惨毒万状；眉目改观，愧色满面。衣焦不可伸，履缺不可纳；僮奴据案，夫妻反目，旧有狞狗，当户而噬。……窃窥古人，墨翟拘囚，乃有薄袤；孙子失足，爰著兵法；马迁腐戮，《史记》百篇；贾生流放，文词卓落。不自揆测，愿丽其后，以合孔氏不以人废言之志。亦将隐括旧闻，总疏百氏；叙述十经，翱翔蕴奥，以成一家之言。传之好事，托之高山，没身而后，有甘鲍鱼之腥，而忘其臭者；传诵其言，探察其心，必将为之抚缶命酒，击节而歌呜呜也。嗟哉吾卿！男子阖棺事始定，视吾舌存否也？仆素侠侠、不能及德；欲振谋策操低昂，功且废矣。若不托笔札以自见，将何成哉？辟若蜉蝣，衣裳楚楚，身虽不久，为人所怜。仆一日得完首领，就柏下见先君子，使后世亦知有唐生者。……此外无他谈，但吾弟弱不任门户，傍无伯叔，衣食空绝，必为流莩。仆素论交者，皆负节义；幸捐狗马余食，使不绝唐氏之祀，则区区之怀，安矣乐矣！尚复何哉？唯吾卿察之！"

将科考案后自己不见容于士人的屈辱淋漓尽致地表现了出来，

同时也对文徵明对自己一如既往地看待充满了感激之情。叙述了
自己心中颇有效仿墨子、孙子、司马迁等成一家学之心，以合儒
家"立言"的传统。但唯独对自己的弱弟不放心，希望好友徵明
能多加照拂，使唐氏一门得以延续。

剩下的时光，伯虎都是"宁愿长醉不复醒"的，偶尔会和张
灵，这位伯虎小时最是亲密无间的、心灵相通的玩伴，一起写诗
作画。这不，眼看春天来了，张灵还为伯虎画了《菏池清夏图》，
希望以清新的大自然美景排解伯虎心里的阴霾。当然，伯虎偶尔
还会和众好友一起，为别人作一些画作。比如伯虎就曾经为新安
吴氏兄弟写《椿树秋霜图》，有祝允明作序并题诗，都穆、沈周也
都有题诗。

除这些外，伯虎心中颇有效仿墨子、孙子、司马迁等成一家
学之心。并开始对象数、律历之类感兴趣，并潜心研究起来。后
来还研究过声音及五行太乙之类，此是后话，暂且不说。

这年秋天，经过将近一年的思考和排解，将自己的字由伯虎
改成了"子畏"。同时心灰意冷的子畏也想通了很多，转而对佛学
产生了浓厚的兴趣，并取佛经中语（出自祝允明），自号"六如居
士"。对"六如居士"的解释，还尚有其他说法。如《吴越所见书
画录》卷五《明诸贤题唐六如相册》王鏊赞曰："请问六如，六
如何居？书如伯喈，文如相如，诗如摩诘，画如僧繇，气如湖海
之豪，貌如山泽之癯。若夫禅家六物，吾不知其所如矣。无乃得
居士之牬者欤！"又如《涌幢小品》卷十四《两六如》："苏门公
啸有六如：一如深溪虎，一如大海龙，一如高柳蝉，一如巫峡猿，
一如华丘鹤，一如潇湘雁。唐子畏号六如，取佛书之说，不如前
说更为脱洒，有意趣。或者当时所取在此，而更托之彼，使人不

可测耶。"

人就是这样，一旦走出了思想的困境，就会获得重生。逐渐走出科考案阴影的子畏开始思考今后的人生规划。自己一介书生，诸事都不擅长，未来唯有以书画为生，以"成一家之言"为目标，虽然心中仍带有巨大的遗憾，但至少可以以新的梦想安慰自己。这时候的子畏想起了回京时和徐经说过的壮游山川的想法，此刻正是实现之时，只是不知此时的徐经是否有此心情。

可谓说曹操曹操就到了，子畏正想着和徐经出游的事，书童唐星兴冲冲地跑进来叫道："老爷，徐大管家来了！"

很快就看到了温厚的徐大管家拖着重新丰满的身躯迈进了庭院，行过礼后，徐管家递上了徐经的书信，并交代了来意，原来是徐经经过这一年的调理后身子虽有所恢复，但还是经不起远游的奔波。虽如此，仍然希望子畏能远游山水，完成自己和老友往日的夙愿，所以特别奉上一些银两，以作路资。

徐管家同时言道："非是我家老爷失信于唐老爷，实在是身体一直没有完全恢复，无法出门远游，履行当初的诺言。"

子畏不知说什么好，内心充溢着满满的温暖，是真诚的温暖。徐经就是这样一个朋友，一个处处替你着想，为你排忧解难、给你温暖的富家公子。子畏知道徐经的秉性，所以也不推辞，因为与其违心地推辞，不如坦然地接受这份来自徐经的馈赠和成全。

徐管家看子畏接受了，顿觉轻松，总算顺利完成了老爷交代的任务。便施礼言道："要是方便，烦请唐老爷修书一封，让我正好带回去向老爷复命。"

"大管家岂能来了就走，怎么也要在苏州休息一下，歇歇脚。我这就去弄酒水……"子畏刚欲起身出门，就被徐管家拦下了，

"唐老爷万不要这般客气，我家老爷有交代不得叨扰您，我是不敢违拗的。此外还交代我顺道办一些其他的事，我拿了书信就告辞了。"

子畏见徐管家这般诚恳，以他对徐经的了解，必然是徐经特别交待过的，知道勉强也无益。随命唐星研磨，铺纸，给徐经写了一封回信。

子畏一直送出吴趋坊，待徐管家上了马车，目送马车消失在视野内，才回转来。此时的子畏内心沉甸甸的，为徐经的成全和情义，同时也充满了对即将成行的远游的憧憬。

千里之行始于足下，和几位好友简单告别后，三十二岁的唐子畏在弘治十四年的春天，踏上了一场志在山水的壮游！这是一次与上次截然不同的旅行，没有任何的功利目的，所以一路之上颇为赏心悦目、悠然自得。走镇江、扬州，沿长江逆流而上，经芜湖、九江、黄州、岳阳南行至衡阳，最后经福建、浙江和安徽返回苏州，游览了瘦西湖、平山堂、庐山、赤壁、岳阳楼、衡山、雁荡山、天台山、黄山、九华山等名胜景物。在沉醉山水的惬意

南游图

中游览了江西、湖南、福建、浙江诸省，所经之地，或诗或画，均有记。直到囊中羞涩，身体疲惫，方才返回苏州，并计划回去稍加整顿后继续壮游山河。这一路的山川景物对后来唐寅的画作影响巨大，使他的画风不再拘泥于学院派的模拟，而有了实质性的存在感。在名胜古迹处，与古人异时交流，让他更加看透了世事无常、人生苦短，坚定了纵情山水、潇洒一生的信念。

第四章　我自风流

建桃花坞　卖画鬻文

结束几个月的远游回到苏州时，由于旅途的劳顿加上一路上的风餐露宿，唐寅回到家就病倒了。现实生活的残酷也很快将他从旖旎的山水美景中拉了回来。自己走的这几个月，弟弟一家生活窘迫，虽然好友文璧时常接济一二，但他们家自从文林故去后，经济上渐渐有些拮据，也有一些力不从心。子畏感到很沮丧，身为长兄，他不能照顾弱弟也就算了，还时常让弟弟为自己操心。如今已过而立之年，却还一事无成，连家室都没有，真是愧对九泉下父亲的殷殷期望啊！

再次出行的计划就这样搁置了，在卧床养病的这段时间里，唐寅认真地思考了今后的人生。是的，原来的想法过于不切实际，在食不裹腹的情况下，无论多么美丽的山川景物，看上去都是虚无缥缈的，更不用说什么抱负。况且自己不能再无视自己作为长兄应负的养家的责任。自此之后，唐寅将尽力负起自己肩上的那份责任。

这段时间，张灵、文徵明、徐祯卿时常过来看望病中的唐寅。

徐祯卿在唐寅出游的这段时间里考中了举人，这在当地引起了不小的轰动，毕竟徐祯卿时年才二十二岁，而且家境贫寒，"家不蓄一书，而无所不通"，看书全靠东借一本、西借一本，竟然也能荣登桂榜，实属不易。子畏也很为自己的朋友高兴，因为他更能明白徐祯卿的不易和考中举人对徐祯卿的意义。

徐祯卿应该算是"吴中四才子"中比较特立独行的一个了，因为祝枝山、文徵明和唐寅均以书或画著名，独徐祯卿以诗文见长，且貌寝（长得丑），与人们想象中英俊潇洒的才子很是不同。

看到三人进到屋来，病床上的子畏强撑起身子，向徐祯卿表达了祝贺之意。徐祯卿手提一篮水果，他是个不善于言辞的人，虽心中充满了对子畏的感激，感激他过往对自己的慷慨相助和指导，但嘴里却一时竟找不出一句合适的话来应答子畏，只好将亲自洗好了的水果挑一个最好的递给病床上的好友。

张灵还是最调皮，看到拙于表达的徐祯卿忍不住笑喷了，有心打趣徐祯卿。于是一本正经地对子畏说，"昌谷知道你回转来了，特地写了一首诗呢！"

众人闻听此言，不知是张灵的诡计，都起哄让徐祯卿写出来奇文共赏。徐祯卿虽明知是张灵在打趣他，却也不生气，他内心里确实对子畏充满了感激。于是稍作沉吟，即赋七律诗一首：

闻兄初从远道回，南中访古久徘徊。
闽中日月虚仙观，越苑风烟几废台。
赖有藜筇供放逐，每于鹦鹉惜高才。
沧江梅柳春将变，忆尔飘零白发衰。

子畏心知这是张灵的恶作剧，没成想徐祯卿思维敏捷，瞬间做出这首诗来。禁不住赞叹道："好才情，好诗情！而且应时应景，你们看我这新增的白发！"

说到这里子畏忍不住叹了口气，众人怕他想起过去的伤心事，忙打岔道："子畏这一番远游，画艺必定精进不少，快把路上的得意之作拿出来我们大家欣赏！"

被大家的热情所感染，子畏忙让书童打开路上的画卷，供大家评阅。"这次浪迹大半年，体察自然，师法造化，方觉景物之神韵，非亲临观之不能得起魂，你们看我的画与以前相比有无两样？"

众人也都七手八脚地来帮忙，"《山路松声图》《青山伴侣图》《骑驴归思图》"，展现在众人面前的是凤凰涅槃后唐

山路松声图

寅的一幅幅精心之作，众人一个个都看得呆了，古人言："读万卷书不如行万里路，如今看来果不其然！子畏的画作经此一番游历，果然与往日大不同，变得丰满充实了……"

"子畏兄画作突破前人窠臼，变化极大，这正是师法山水造化的结果，和那些足不出户，一味摹古的山水画果然不同！已经全然在老师沈周之上了！"一直比较淡定自处的文徵明也对唐寅的画作不吝誉美之辞。

"我从子畏兄的画作里体悟出，人处天地间，可游可居，陶氏的那种生活方式或许更适合如今的我等，若没有此一番游历，断然不会有今天的山有骨、水有神、画有魂……"徐祯卿也忍不住赞叹道。

张灵更不用说了，早就在一边手舞足蹈地评论说："这幅不错，那幅超越今人、直追古人了！""李白是酒中诗仙，唐寅则可媲美画中仙了……"。

躺在病床上的唐寅很开心，不仅仅是因为听了朋友们对自己的夸赞，更因为自己虽渡尽劫波，受人世间多少人情冷暖，身边却仍有这帮不离不弃的好友相伴，此乃人生之大幸！今生以画为生，与诸好友为伴，此生足矣！

众人见子畏脸上全没了刚才的阴霾之气，精神也好了很多，都极力撺掇他讲讲旅途的见闻，唐寅也十分愿意与诸好友分享下这一路的风光旖旎，于是让书童唐星扶自己坐起，将旅途的见闻一一道来。

旅途的第一站就是镇江，地方虽然不大，但却是扼守南北的交通要道，是京杭大运河的交汇处；也正是因为其便利的交通，形成了镇江重地的人文地位。镇江最大的特点是"一水横阵，连

冈三面"，城在山中，山在城中。沿江自西向东分别是金山、北固山、焦山，金山小巧玲珑，是"寺裹山"，山在寺中，站在山下只能看到寺看不到山；焦山是"山裹寺"，树木苍翠，在山脚下只能看到山，看不到寺；北固山则是"寺冠山"，寺在山顶，像是山的帽子。

焦山的摩崖石刻十分有名，有被誉为"碑中之王"的《瘗鹤铭》，其笔法之妙为书法之"冠冕"。《瘗鹤铭》是古人为葬鹤而写的一篇碑末文，虽然不知道文字出自谁人之手，但因为其写的潇洒俊逸、气势雄伟，所以，自北宋间被发现，不断有人摹拓流传。

此外，镇江还有不少有趣的山，像茅山。以茅山为修炼之处，后发扬出去的道教宗派被称为"茅山宗"，他们的弟子也被人们称作"茅山道士"。

从镇江出发，乘船过江，便是扬州了。彼时人未到，扬州却已经先入我心了，想起李白的"故人西辞黄鹤楼，烟花三月下扬州。"（《送孟浩然之广陵》）、想起杜牧的"二十四桥明月夜，玉人何处教吹箫。"（《寄扬州韩绰判官》）在春日的季节里，这座江南的秀丽小城处处透着她骨子里的妩媚和温柔。扬州是一座能让人平静下来的城市，她像一个温柔娴静的女子，给你最恬淡、舒适的感觉。到了扬州，不能不去瘦西湖一游，一个"瘦"字，点出了扬州西湖与杭州西湖最大的不同，即在于她"清瘦"的神韵。"瘦西湖"虽然不大，却很有看头，徐园、小金山、歌台、二十四桥……都别具韵味。唐寅说到此处，言语间无不充满了对扬州之行的满意，令旁边的诸位听众都啧啧赞叹，向往不已。细心的唐星还不忘给主人端过来一杯茶水，子畏一饮而尽，稍微顿了下，

瘦西湖

继续讲述。

离开扬州，经芜湖，然后就到达了九江，当然少不得登上庐山。庐山想必诸位都知道她的典故，传周代有匡氏兄弟七人上山修道，结庐为舍，因此，名曰"庐山"，又称"匡山""匡庐"。山下有老农趁闲暇时将自家的驴子牵出来，供上山的游客代步。因一路风餐露宿，我也颇有些疲惫，就雇了一头毛驴。驴子优哉游哉地朝上山的方向迈进，我也得以全身心地欣赏庐山的"奇、秀、险、雄"，传说的"匡庐奇秀甲天下、神仙之庐"，果不其然。走了一段路后，风景越发奇险峻，加之毛驴也累得直喘气，索性一边步行，一边细细欣赏庐山的美景。正是暮春时节，山里云雾缭绕，越往上走，越觉得如坠云里雾里，奇峰险石，苍松流瀑，无不隐藏在这氤氲的云雾中，常常耳边听得溪流涓涓，却不到边上看不见。所谓

扬州一景

"不识庐山真面目，只缘身在此山中"的感概，大概就是源于此吧！

当然，游庐山定然少不得一观庐山瀑布，如此横泄而下的一汪水带，常人都会觉得惊喜异常，何况心思细腻、敏感的文人们？怎能不有感而发？于是我们有了李白的"日照香炉生紫烟，遥看瀑布挂前川；飞流直下三千尺，疑是银河落九天"的感叹！我也是满心的情怀急于抒发，半日来庐山的一树一景、一魂一魄已经郁结于心，到了不吐不快的地步，于是画了这幅《骑驴归思图》。所谓归思，正是应了那句"梁园虽好，不是久恋之家"！出门日久，多少有些想念苏州的山水人情，想念这里的朋友！

想当年三方赤壁鏖战的情形，仿佛听到了那跨越时空的战鼓厮杀声！历史时刻在映照今人，所有的轰轰烈烈，所有的失败挫折都淹灭在这一抔尘土中，所有的一切最终都归于尘土，是大自然最伟大的公平！怀揣着沉甸甸的、对人生的思考，我来到了素有江南三大名楼之称的岳阳楼，巧合的是，这岳阳楼同赤壁一样，同三国脱不了关系，岳阳楼的前身是三国时期孙权手下大将鲁肃奉命镇守巴丘时修建的阅军楼，后李白赋诗后改名岳阳楼。但真正使岳阳楼名声大噪的却是宋代的范仲淹。一篇《岳阳楼记》，一份赤子之心，从此以后传遍

骑驴归思图

天下，响彻古今！

在古圣先贤面前，我有些惭愧，我不能做到"居庙堂之高则忧其民，处江湖之远则忧其君"，更没有做到"先天下之忧而忧，后天下之乐而乐"。湖水浩浩渺渺，洞庭的美景尽收眼底，我的思绪却沉重起来：我明白自己的懦弱，我惭愧自己的胸襟，我嗟叹这无常的命运，我在这复杂交织的情绪下精神恍惚地离开了岳阳楼。

南行至衡阳，来到了南岳衡山，衡山在秀丽的南方诸山中显得颇为另类，山势雄伟，绵延数百公里，有七十二峰，古人就有"帆随湘转，望衡九面"之说。衡山云雾奇特，在湿润的气候下，云雾较其他山更浓更大，似乎触手可及，却又什么都抓不到。正饶有兴趣之时，忽然看到了回雁峰，据说南行的大雁至此就不再南飞了，待到第二年春天便结对北返。鸟尚且如此，何况人乎？至此，我也决定南行就此停住，转而向东折向福建。

在福建我游览了山美水美、奇峰峭壁的武夷山，从武夷山下来，偶然来到山脚下一家小客栈休息，出于文人对文字的敏感度，很快注意到了墙上的一幅菊花图，几支菊花落寞地开在稀疏的篱笆内，它传达出的那种落寞一下子抓住了我的情绪，让我忍不住一下子想起了过往的伤心事，一时按耐不住，一首七绝脱口而出：

> 黄花无主为谁容，冷落疏篱曲径中。
> 仅把金钱买脂粉，一生颜色付西风。

众人听得入迷，被这种氛围深深地感染了，待子畏念出，都

道是好诗，也有一二人想起好友唐寅的过往遭遇暗暗落泪的。

"我又一次来到了九鲤湖"，唐寅接着说道。"只是这次我头脑更加清醒了，也知道自己的宿命所在了。以一颗非功利的心故地重游，我收获了内心的宁静，反思过往的种种，恍若隔世。"

从福建出来，我径直进入了浙江，南北雁荡、浩瀚东海和美丽的富春江，让我一度忘掉了旅途的疲劳。

我的最后一站是安徽的黄山、九华山，如若不是盘缠耗尽，加之旅途劳顿，我真不舍得回转来。我也明白了为什么古时的文人墨客喜欢游览名山大川了，在浩瀚、壮丽的山河面前，个人的荣宠得失实在是太过渺小、太微不足道了。

长达10个月之久的旅途，在唐寅的讲述中一一再现，这次旅行之于唐寅的意义，恐怕连他自己领悟得不彻底。

读万卷书，行万里路，千里壮游后的唐寅从此开始了自己卖画鬻文的生涯。这一时期的唐寅主要画山水画，将游历所经之地的壮丽山水在胸中融会贯通后，加上自己的思想，一一呈现在一幅幅画卷上，那种创造的成就感令人充实而幸福。此时期的唐寅画风融汇了沈周老师和周臣老师南宋院画一派的风格，造型生动、布局严密而又严谨奇峭！唐寅画作在南宋院画技法的基础上，学习马远、夏圭的构图和笔墨技巧，融合北宋李成、范宽，元代黄公望等画家长处，逐渐形成自己风格，画面严谨整饬，造型真实生动，山势雄峻，石质坚峭，皴法斧劈，笔法劲健，墨色淋漓，逐渐形成唐画的风格。甚至已经逐渐超越了老师周臣，以至于有人就直接问周臣："为什么唐寅画作的艺术水平已经超越师傅了？"

周老师回答道："此无他，但少唐生胸中三千卷书耳。"

不过谦虚的周老师还忽略了一点，就是唐生多走了万里路。

如果有什么不能解决的问题、过不去的心结，都交给时间吧，它会像秋风扫落叶一样，卷走一切看似沉重的问题。因此，随着时间的滚动，人们逐渐淡忘了会试泄题案，是啊，没有人会耿耿于怀于别人的事情。

且时间也会让人们冷静起来，这对于唐寅来说是莫大的好事。人们开始重新接纳唐寅的画、唐寅的人。这时候的唐寅不愿意再怨天尤人，豁达积极地面对今后的人生是他对自己最大的要求和期望，因此刻印章"江南第一风流才子"以鼓励自己、期许自己。

为了安心作画，唐寅把正房留给弟弟子重，搬到了屋脚临街的一隅小楼中，专心作画。加之唐寅本身诗书画俱佳，所以很快，他的画作收到了大家的追捧和赞叹，每天来求画的人络绎不绝。而画家本人的日子也越来越滋润，生活态度也越来越超然，一首诗最能表达唐寅此时的生活状态：

　　　不炼金丹不坐禅，不为商贾不耕田。
　　　闲来写幅丹青卖，不使人间造孽钱。

此时，还有一件快意之事，那就是好友祝枝山辞职回乡了！

祝枝山为人乐观诙谐，放荡不羁，像这种性格确实不适合官场的明争暗斗，权力倾轧。所以，毋需多言，唐寅也知道好友辞官归家的原因。几年未见，唐寅想煞了这个老友，所以初次见面就像个粗人一样一把抱住了祝枝山的膀子。

"你这家伙铁定是逃回来的"，唐寅捶了好友一下言道。

　　"这县太爷做的苦呀，天天脚不沾地的奔波于各个衙门，迎来送往于各种君子小人间，像我这散漫惯了的人，真是煎熬呀！索性回来做个自由仙，岂不更美！"

　　"好好好，枝山兄如今回归田野，我辈中又多了一个诗友！值得好好庆贺一番，今晚要弄壶老酒，你我畅聊通宵！"

　　我听说你这阵子卖画生意蛮好，积蓄丰厚，打算购置城北桃树林的一处废园子？祝枝山快人快语，急不可耐地问道。

　　"是呀，想便宜点买下来建一座园子，学习陶渊明的'结庐在人境，而无车马喧'，你看可好？"唐寅问道。

　　"当然好了，此乃天下一等一的大好事！绝对支持你！"

　　"我是想，买下来后稍作修葺，不说比过石崇的金谷园，但足以为一帮朋友们提供一个流觞曲水、鼓瑟吹笙的所在了！"子畏描述着自己脑海中的景象，眼睛放光！

　　祝枝山早已急不可耐，催唐寅赶紧去办，"有什么难处尽管说出来，大家一起解决，板定把这事办成了。先说好，以后我什么时候想去要就什么时候去，想睡哪里就睡哪里……"

　　"还怕没有你住的地儿吗"，子畏捶了一下祝枝山的胸，装作生气地嗔道。

　　接着两人又聊了很多分开这几年各人的基本情况，祝枝山借着酒劲还讲了不少趣事。有一次，一个作恶多端的富人想让祝枝山写一幅春联，祝枝山一口答应，不过是要求这家人大年三十把红纸贴到门上，他晚上直接过去写，富人喜出望外，按照吩咐做了。岂料大年初一一出门，就看到门口聚了一群人在那里议论纷纷，原来自家的春联上写的是：

明日逢春好不晦气终年倒运少有余财
此地安能居住其人好不悲伤

富人大怒，欲找祝枝山理论，岂料祝枝山就在人群里，看到此情景，才漫不经心地拨开众人，来到门前说，我没说错呀，写的都是吉利话呀！我念与你听：

明日逢春好，不晦气，终年倒运少，有余财。
此地安，能居住，其人好，不悲伤。

那个富人听完顿时哑口无言，明知吃亏，还只能装作不知，还要谢谢祝枝山，真是怎么想都憋屈！

子畏听完忍不住哈哈大笑，对好友的机智诙谐、聪明才智佩服得五体投地。

祝枝山回来后，唐寅就多了一个顶好的玩伴，二人都是潇洒不羁之人，结伴玩乐必然少不了会发生许多趣事。话说有一次，两人兴之所至，就脑子一热跑到了扬州，酣畅淋漓地玩了两天后，问题出现了，二人没有盘缠了！这是个很让人心烦的事情，没银子寸步难行啊，又怎么能有机会享受扬州之行呢？二人商量了一下，决定化装成道士到当地一个喜好风雅的巡盐御史那里"借钱"。但钱在哪里都不好借，因为这位巡盐御史大人让他们以石为题，联句成诗。

一人作诗，只要根据自己的思路加以斟酌，两人联句，却不仅要文思顺畅，还需要二人有极好的默契！不过这对于臭味相投的二人来说，不是什么难题，所以唐寅一句定韵脚，祝允明很快

顺下来，不消半刻，一首七律就已经在祝枝山的狂草中一挥而就！

嵯峨怪石依云间，抛掷于今定几年。

苔藓作毛因雨长，藤萝穿鼻任风牵。

从来不食溪边草，自古难耕垅上田。

恨杀牧童鞭不起，笛声斜挂夕阳烟。

御史见二人思维敏捷，书法精湛，知非凡夫俗子，恐怕也不是道士，既然二人如此乔装打扮，定是不愿被认出，自己何不成人之美，且不说破，直接赠银一大笔给二人！唐寅、祝枝山相视一笑，毫不客气地领受后扬长而去！

这给了二人一个愉快的扬州之旅！

娶妻九娘　诸友同乐

所谓英雄气短儿女情长，和祝枝山逍遥自在的唐寅也会常常想念家乡的一个女子，一个让他感觉温暖的女子，一个常常入梦来的女子——沈九娘。

相思两地望迢迢，清泪临门落布袍。

杨柳晓烟情绪乱，梨花暮雨梦魂销。

云笼楚馆虚金屋，凤入巫山奏玉箫。

明日河桥重回首，月明千里故人遥。

——扬州道上思念沈九娘

唐寅知道，有一件事是他迫切想做、和不得不做的——娶沈

九娘，给这个一直深情对自己的女人一个归宿，给自己后半生一个完整的家庭！但要做好成这件事，有一关他是绕不过去的。其他人都好说，唯有文徵明，思想正派、保守，真是不知道怎么才能让他明白和接受自己娶九娘这个决定。

张灵看出了好友的烦恼，于是主动出主意道："子畏你不用为文徵明烦恼的，我出个主意，保证他痛痛快快地接受你和九娘的事。"

唐寅虽然感激梦晋的一番好意，但他这人有时候做事会出格一些，自己有点怕他把握不住分寸，所以有些犹豫。但他又一心想早点娶九娘，便答应了。

张灵笑嘻嘻地说，"交给我你就放心吧！"不知道为什么，听到这话子畏心里反而更没底了。

张灵分析道："文徵明是个古板的人，要想他接受九娘，就必须得让他先过了妓女这一关。过几日约了大家一起聚聚，届时找两个伶姐儿戏他一戏，看他如何躲得过！"

子畏想起文徵明一贯的严肃正经样，如果被妓女调戏，不知道要有多窘迫！实在没有其他办法，权且一试，死马当活马医吧！

张灵办事一向利索，没两天就设计好了所有的一切，就等文徵明上钩了。地方就定在了苏州新开的一家临街的酒店，招牌还是祝枝山帮忙写的，所以对几个人的到来很客气，也尽力提供方便。

这天一大早，张灵、祝枝山、唐寅就来到了酒店，对于接下来的恶作剧，众人各怀心事。唐寅有些担心，但箭在弦上不得不发；张灵不时偷笑，等着好戏上场；祝枝山年岁最大，对事情看得最豁达，完全是一幅旁观者的心态，乐见各种结果的出现。

终于文徵明来了，几个人忙眨眼示意，开始少不得一阵喝酒

玩乐。席间众人恣意狂欢，高兴了就赋诗作兴，如此张扬的聚会自然惊动了不少人，这其中就包括一个商人打扮的人。打听之下，才知是四大才子在此聚会，商人是个附庸风雅的人，断然不会放过这个好机会，于是让店家询问四位才子，自己愿出一百两银子求四人合作一幅山水画，不知众人意下如何？

正喝的酣畅淋漓的四人闻听此消息，顿时来了精神，刚刚众人还在说唐寅的桃花坞什么时候买下来，正愁经费不足呢，有此生钱机会，自不会放过，大家是好友，权当是帮好友忙了，于是欣然答应。

文徵明已有几分醉意，此时最积极，说画就画，袖子一撸，走到店家备好的笔墨纸砚旁，拿起笔在宣纸上挥毫起来，先画怪石，边画边吟，"嵯峨怪石倚云间，抛掷于今定几年。"子畏在怪石上点苔藓，画上枝枝蔓蔓的苔藓，吟道："苔藓作毛因雨长，藤萝穿鼻任风牵。"张灵虽也常有佳句，但在四人里才艺方面略差一筹，所以不敢做尾，急急地抢过笔来，画了一条溪水和田垄，"从来不食溪边草，自古难耕陇上田"。祝允明笑道，梦晋显然是给我出难题，都知道我不善画的，稍作沉思，未动笔先吟道："恨杀牧童鞭不起，笛声斜挂夕阳烟"。子畏闻听此句佩服地向他拱手作揖，开玩笑道："祝兄的佳思和胸襟，我等佩服。只是还烦祝兄将意境画出来才好！"众人也一起起哄道："是啊，祝兄须得画出来方才功德圆满！"祝枝山无法，只得硬着头皮在垄田上先画了一头牛，至于牧童却是无论如何下不得笔了，"牧童骑牛归，接下来的就借唐兄的生花妙笔了！"

"牛倒是画的不错，似乎要从画上奔出来一般"，说着接过祝枝山递来的画笔，寥寥几笔，一个憨态可掬的牧童就跃然纸上，

梳两根上翘的辫子，脸色红润，悠哉地横吹着牧笛。

祝枝山十分感激，首先赞叹道："声神兼备，妙！"接过唐寅的笔，毫不客气地书写下他那龙飞凤舞的草书。

四人补上落款，店家待墨迹稍干，才小心翼翼地捧到楼下商人处。商人自然喜不自胜，连呼："少见的墨宝"！当即付了一百两银子外加今天诸人的酒钱。

酒喝到这时，众人都有些醉了，张灵冲子畏眨了眨眼，示意好戏该上场了。

子畏心虚，忙去绐文徵明斟酒，"我已经醉了，不能再、再喝了"，文徵明舌头有些打结，话都说不利索了。

张灵哪里肯放过他，"要喝的，今天必得站着进来，趴着出去！"说着用筷子敲了三下碟子。

一旁等候的伶姐儿听到暗号，娇滴滴地喊了一句"来了……"，帘动处，一股香腻腻的风扑面而来，刚才还醉意朦胧的文徵明经此一吓，酒醒了大半！"我，我不喝了，这是怎么回事？"文徵明脸色惨白问道。

祝枝山看张灵挑的这个伶姐儿属于那种清秀干净型的，应该也是文徵明最有可能接受的类型。就怂恿道："姑娘长得不错，有没有办法敬我们文相公一杯？"

张灵向她眨眼，"姑娘有什

唐寅

么招儿，尽管使出来！"

伶姐儿刚要娇滴滴地靠近文徵明，就被他无情地推到一边了，文徵明才有空喘口气，怒斥道"搞什么花花肠子，再这样我就从楼上跳下去了！"

祝枝山知道文徵明不是开玩笑，眼看事情要闹大，忙跑去拉住文徵明，使眼色让伶姐儿赶紧出去，张灵无奈，只得示意伶姐儿走开。

此时的文徵明才缓过劲来，"你，你们称心了，太过分了！"说罢，头也不回地下楼离去！

子畏在楼上看着气呼呼奔下去的文徵明，心里十分难受！

张灵挠挠头，十分沮丧。

祝枝山也摇摇头，这下是伤着文徵明了。

自那天伤着文徵明后，已经两天没联系过了，唐寅的失落感越来越强，可他也是自尊心很强的人，自然也不肯放下架子屈就文徵明，向他认错。但友情归友情，唐寅娶九娘的迫切心情却没有一点减少，反而越来越强烈！终于难耐思念，他这天一大早就跑到了苏香苑，九娘依旧温润和顺，将唐寅迎到客厅。

子畏刚坐定，就瞥见被扔在屋角的一把纨扇，遂站起将扇子捡起，佯装嗔怪九娘道："如今你也这么奢靡了，如何将这好好的纨扇扔掉了？"九娘低头，悠悠道："秋扇被弃，世之常情，珍之爱之者，能有几人呢？"

唐寅听出九娘的话里有话，拉起她的小手，温柔地言道："我明白九娘的意思，今生我已经认定你是我的妻，放心，我唐寅今生定不负你！等我的好消息。"

九娘第一次听到心上人对自己真情的告白，简单、明了，却

句句说到了自己的心坎里，暖暖的。一时兴之所至，取下墙上的琵琶弹唱起来："浅浅水，长长流，来无尽，去无休……"

"啊呀，九娘是如何得知我的这首《世情歌》的？"唐寅哪里知道他的举动和很多诗词书童唐星都会悄悄告诉九娘的。原来九娘挂念心上人，可碍于身份，又不便直接打听他的情况，所以就嘱托唐星将他主人的情况告诉自己。唐星是个聪明人，明白主人和沈九娘之间的相互情义，自然每次都是知无不言。就连子畏当初九鲤湖祈梦所得的宋代香墨，都是九娘将自己多年的藏品借唐星之手、以神仙之名转赠给唐寅的。

看着九娘虽然在弹唱歌曲，可眉宇间仍有掩饰不住的忧郁和伤感，唐寅知道九娘对未来仍然充满了担忧，可佳人蹙眉的韵味让他欲罢不能，急于想把这一画面保存下来。索来纸笔，奋笔疾书，不消一盏茶的功夫，一幅秋风纨扇仕女图就完成了。他在画上题了一首诗：

秋来纨扇合收藏，何事佳人重感伤。
请把世情详细看，大都谁不逐炎凉。

一旁观看的九娘看到此处也禁不住伤感起来。

已经是深冬季节，就算是在美丽的江南，过冬也不是一件轻松的事。不过寒冷却一点也没消减唐寅等人玩乐的心情。这天一大早，唐寅就和好友张灵、祝枝山结伴去郊游，半路上忽遇大雪，三人又饥又冷，这下玩乐的心顿时减了大半。于是三人决定去喝酒暖身，一摸钱袋都囧了，三人出来时只顾玩了，且都是不善俗物之人，竟都没有带钱袋。无奈只好撕破衣衫，扯条木棍，也顾

不得什么斯文，冒充乞丐一路行乞，总算讨得一些散碎银钱，到村野小店里沽了些酒，跑到荒郊野庙里痛饮起来。虽然前面痛快了，可结果却有点不痛快，是喝醉了被人抬送回来的。

　　见到哥哥这个年纪还如此放诞不羁，弟弟唐申很是担忧，想着要赶紧给兄长找一个女人管管他，兴许就能好些。无奈他刚把这一想法告诉兄长，子畏就摆了摆手道："为兄的事不要你操心了，过段时间我就会把沈九娘娶回家来！"

　　唐申大吃一惊，没想到哥哥会说出这样的话来，"你，你玩玩也就罢了，唐家若真要娶一个歌妓回来，这脸面还要不要了？"一着急说话都有点不利索了。

　　"你这是什么话？"唐寅虽然生气，但还是缓和言道："沈九娘是出身低微，可她有情有义，哥哥我现在早已经不是什么斯文人了，脸面也早就碎了一地了，现在想要的也就是一个踏实过日子的女人！"

　　唐申沉默，子畏拍了拍弟弟的肩头，扶他坐下，叹口气道："做哥哥的没本事，这些年连累你不少，如今我决定过完年咱们就分家吧，我也不能再给你们添麻烦了……"

　　"你是说分家？"唐申一下子反应过来，惊讶地问道。"不不，不能分，兄长一个人……"唐申不放心兄长，又担心分家的琐碎事影响了兄弟的感情。

　　子畏不待弟弟说完，就摆手示意道，"家中物件我一件不要，房屋我也不要，我准备在城外买处院子，我是闲散惯了的人，住在那里最合适。"子畏顿了顿，制止住想要插话的弟弟，"我空出的屋子给长民住吧，他也一日大似一日了，我很喜欢他。"

　　就这样，过了不久，共同生活了几十年的兄弟就这样不争不

吵、和和气气地分家了。

但唐寅要娶一个歌妓回家的消息在小小的苏州城还是传得沸沸扬扬，人尽皆知。当然有很多人不耻，这其中就包括唐寅的好友——文徵明。大过年的，唐寅画了很多拜年帖，向诸位老师和好友派送，表达祝福之意。令他颇为尴尬的是，好友文徵明却将他送的帖子给退了回来，另附回信一封，大意是文徵明自认是孔子门生，耻与青楼女子为伍。子畏看到此处，顿时气急，你不念朋友也罢了，竟连九娘也一起骂了，是可忍孰不可忍！

也是一时冲动，回到书房就给文徵明写了一封洋洋洒洒的绝交信——《答文徵明书》：

> 寅顿首：徵明足下，无恙幸甚！昔仆穿土系革，缠鸡握雉，身杂舆隶屠贩之中，便投契足下，是犹酌湜浞以饎饎，采葛罿而为绨纻也。……比来痴叔未死，狂奴故若，遂致足下投杼，甚愧甚愧！且操奇邪之行，驾孟浪之说，当诛当放，载在礼典，寅故知之。然山鹊莫喧，林鹎夜眠；胡鹰笔翮于西风，越鸟附巢于南枝。性灵既异，趋从乃殊。……寅束发从事二十年矣，不能剪饰，用触尊怒。然牛顺羊逆，愿勿相异也。谨复。

写完连看也顾不上，就急急地令人将信投送出去。犹自气愤难抑，愤愤不平。

过了一会儿，喝了口茶，子畏才有点后悔了，文徵明是有过分，可自己那句"性灵既异，趋从乃殊"岂不是更过分！坏事了！这可如何是好？

　　唐寅没有食言，还是按照礼节光明正大地将沈九娘娶了进门，这个时候很多人反而不再嘲笑唐寅娶歌妓的事了，而内心里则对他多了一份敬重，尤其是苏州的风尘女子！正因为世上少有人能做到如此重情重义，唐寅才显得如此珍贵啊！而落落大方、端正自持的沈九娘也赢得了很多人的赞赏。唐寅的很多好友都来捧场，为子畏壮脸面。只有文徵明没有来，他们自那次失和，到现在还没有和好。想到这里，子畏心里多少有些遗憾。心里想着一定要找个机会和文徵明重归于好！

　　娶到沈九娘后的唐寅日子过得很舒心，城外的桃花坞也已经买了过来，几个好友正在帮忙装饰，修整，以后就是好友们聚会的绝佳场地。一切都朝着光明前进着，已经三十四岁的唐寅又一次感到了生活的快乐和希望。

　　桃花坞终于建成了，有桃树、竹林、茅舍、水流、亭阁。"桃花坞"牌匾是祝允明题的，"梦墨亭"是张灵写的，"笔洗阁"匾额是周臣题的。这里没有富可敌国的飞檐斗拱，却一派自然田园风，十分适合文人雅士在此谈诗论道。

　　桃花坞落成那天，文璧托王宠转交给他一封书信，直言生离之苦要大于死别，朋友间如此分开其实就类似于生离之苦。唐寅看完后大受触动，读到动情处竟潸然泪下。文徵明也在这一日精心准备了贺礼———一对桃木对联，在桃花邬建成这一天亲自送来。见面后唐寅一把抱住文璧，什么也没说，但他们都知道，他们朋友间的情谊越来越深了。于是别扭多日的二人终于重归于好。

　　自此，世上少了一个落拓的文人画家，多了一群潇洒自在、知足常乐的闲散之人。这一班朋友常常聚会于桃花坞，一起饮酒赋诗，共伴长松明月，日子过得虽然清贫，却是难得的快活自在，

有诗为证：

> 桃花坞里桃花庵，桃花庵下桃花仙。
> 桃花仙人种桃树，又摘桃花换酒钱。
> 酒醒只在花前坐，酒醉还来花下眠。
> 半醉半醒日复曰，花落花开年复年。
> 但愿老死花酒间，不愿鞠躬车马前。
> 车尘马足显者事，酒盏花枝隐士缘。
> 若将显者比隐士，一在平地一在天。
> 若将花酒比车马，彼何碌碌我何闲。
> 世人笑我太疯癫，我笑他人看不穿。
> 不见五陵豪杰墓，无花无酒锄作田。

　　若日子如此这般下去，是唐寅的幸事，却也是我们的不幸。因为如果这样，今天的我们就不会看到一个如此个性鲜明的文人了，更不会有那些后人附会的妙趣横生的故事供我们欣赏。大概是历史老人也怕寂寞，所以要给这位传奇的才子一个不一样的人生。

第五章　再罹大祸

宁王相邀　初到王府

与唐寅唱和往来之人，多是文人雅士，少有"出入朱紫"之达官贵人。早年因与原詹事府少詹事程敏政结识而引发的"科场案"，成为他噩梦的渊薮。甚至在二十年后，唐寅夜梦此事时，仍心有余悸。梦醒后，他曾赋诗《梦》一首，志其惨淡心境，诗云：

> 二十年余别帝乡，夜来忽梦下科场。
>
> 鸡虫得失心犹悸，笔砚飘零业已荒。
>
> 自分已无三品料，若为空惹一番忙。
>
> 钟声敲破邯郸景，依旧残灯照半床。

自古大多数士人勤读诗书，只求一朝金榜高中，"货于帝王家"。也有一些人，刻意与朝堂疏离，自得于诗坛词林。唐寅即属后者。"科场案"后，他自绝于科举之业，甘愿过"闲来写幅青山卖"的淡泊、随性而又洒脱不羁的生活。但是，总有预想不到的人或事，横亘于生命的某一历程，与命运牵扯不清。宁王朱宸

濠之于唐寅，大概就是这样的一种人吧！

宁王朱宸濠何许人？溯其源，始于明朝开国皇帝朱元璋创建的封藩制。洪武三年（1370年）四月，明太祖朱元璋册封诸子为王，授以册宝，令其分茅胙土，藩屏国家。最初册封的十位藩王，分别是明太祖的第二子至第十子，以及从孙朱守谦（封为靖江王）。洪武四年（1371年）至二十五年（1392年）间，随着其他皇子的陆续降生与长成，明太祖又先后册封了十五位藩王（详见附表）。

朱宸濠是明太祖的四世孙，第一代宁王朱权的三世孙，第四代宁王朱觐钧的庶出长子。袭王位前，他先后被封为镇国将军、上高王，弘治十年（1497年）袭封宁王。生母冯氏，《明史》载其曾为娼妇。相传宸濠出生之时，其祖父、第三代宁王朱奠培梦有蛇吞其屋，又有猫头鹰白天鸣叫，内心颇为忌讳，所以对这个刚出生的孙辈也无甚好感。《明史》记载，宸濠成年以后，举止轻佻，无威仪。自从其嗣位宁王以后，屡有术士李自然、李日芳等人妄称宁王有"异表"，且称城东南有天子之气。宸濠遂于此地建造阳春书院，并僭称书院为"离宫"。宁王颇为聪颖，且好吟咏诗词，善以文结交文人雅士，屡邀负有文名的地方官到王府雅聚，或联诗唱和，或论讲时事，往往至夜深方散，似乎已有暗蓄异志之嫌！无论出于何种目的，

宁王

宁王对诗文的偏爱，使其对文人的仰慕成为可能。

正德九年（1514年），宁王遣使到苏州招纳材名之士。虽然唐寅等人未能金榜高中，但早已名声在外，宁王以重金聘请文徵明、谢时臣、章文、唐寅作南昌宁王府的座上宾。谢时臣，字思忠，别号樗仙，能诗，工于山水画。章文，字简甫，其祖由福建迁居苏州。这四人中，惟文徵明未接受宁王的邀请。当使者携带书信及重金登门时，他托病卧床不起，既不接受宁王的馈赠，也无片言只语回复宁王。钱时臣、章文及唐寅则接受邀请，共赴南昌宁王府。其实，在是否接受聘请的问题上，唐寅也一度犹豫不决。宁王的聘请，再度燃起他出将入相的雄心壮志。虽然唐寅放浪不羁，但古之读书人苦读诗书如许年，无非就是想博得朝廷的赏识。这无可厚非。唐寅也有自己的顾虑，疏离朝堂太久，自己根本就不了解宁王的真实为人，只知他爱才之虚名。加之幼女刚满两岁，尚在绕膝学步，实不忍骨肉相离。但是，宁王位高权重，若拒其聘请，深恐其罗织罪名，暗中加害。就这样，唐寅怀着憧憬与担忧，踏上了西去南昌之路。对唐寅而言，未来的一切都是未知。但对宁王来说，一切都在他的掌握之中！

第一代宁王朱权的封藩本在喜峰口外的大宁，永乐朝移至江西南昌。南昌，寓有南方昌盛之地的美意。座落于此的宁王府，雕梁画栋，制作宏丽，头门墙壁上甚至还嵌着宁王妃娄氏亲笔题写的"屏翰"二字，以青石刻成。唐寅的书画之才令宁王仰慕不已，所以，他的到来，也受到了格外的礼遇。相传宁王在南昌近郊专为唐寅盖了一座有水有亭的宅院，令其别馆居住，且每日都与其赛诗论画。可以说，在南昌的半年时间里，唐寅的确得到了宁王的优宠。

虽然唐寅是明朝后期文坛的知名人士，但是他在南昌的活动轨迹及与宁王更详细的交往情况，并未详载于史。他曾游览滕王阁遗址，一时兴起，赋诗一首。诗云：

画栋珠帘烟水中，落霞孤鹜渺无踪。
千年想见王南海，曾借龙王一阵风。

在南昌时，他还曾作《许旌阳铁柱记》与《荷莲桥记》。许旌阳是晋朝道士，又称许真君。正德九年，唐寅途经豫章（今江西南昌一带），有感于许真君铸铁柱锁地脉，镇魅魑安民生的壮举，作《许旌阳铁柱记》以示将来。其文云：

天地开辟而有阴阳，负阴抱阳，人民与龙蛇魅魑并生其中，揉杂不分，妖厉为害。黄帝氏兴，战蚩尤于阪泉而灭之，而后天地定位。神禹继作绥庚辰，锁无支祈于龟山之足，淮水乃安。铸为九鼎，以辨神奸民，而后龙蛇魅魑之患息。然其绪绪之传，莫示先受精一之道，而后禅邦国之位，抱精守一。盖所以通天地之神灵，建邦立国。盖所以阜民物之生命，及乎圣迹縣远，世德衰微，天地艸昧，阴阳乱淆，攀胡之号，莫继其□齕指之鼎，亦济于河，而所谓妖害者无有忌惮，骋驰淫毒以害民生。凡有中区，靡有宁止。旌阳君生于其时，修精一之道，以达天地之神灵，遂诛龙蛇以安江流，馘魅魑以定民生，铸铁柱以锁地脉。玄功告成，神道昭契，乘风上征，合瑞紫宫以续黄帝神禹之传，而延民物之命，而

续懋著惠泽迄今。盖天地之间，一阳一阴之好生，而阴好杀，故阳为德，而阴为刑，凝德为神，淫刑为怪。是故神为高明，怪为幽厉，环旋升降，相为始终。阴阳和畅则神安怪息，阴阳两极则神怪并驰。然而独阳不生，独阴不成，阴阳神怪长为表里，故黄帝之与蚩尤，神禹之与无支祈，许真君之与蛟精，皆并生一时。盖阴阳两极而为神怪也，故有至神之对出以御之。设使特生蚩尤、无支祚与蛟精，而无黄帝、神禹、许真君，则天地之间阴阳偏滞，而人类几乎其息矣。

《荷莲桥记》成文时间不详，似应晚于正德九年。其文云：

邑多贤士大夫，则多贤令尹。令尹之职也，为最亲民。民事甚伙，一有不便，而尹或莫之知者，则相聚以尤焉。非其邑有贤士大夫，辅翼之以补缀缺少：则尹虽贤，固难免于民之尤之也。进贤，南昌属之大者。自宋崇宁中立治，抵今历岁若干。邑之以贤称者，不绝班辈，多贤士大夫相为之辅翼。民有不便，辄相与以补缀之，必致其尹以贤称于邑而后已。邑之东南区为饶位出水之会，水将北趋番阳。其未达也，汇而为波泾，瀁而为河淡，宕然而为沮洳。七八月之间潦，民未有不忧。涉者以车则胶轮，以骑则践鱼鳖之居，而质戴者分重负者兼举，而尹莫之知也。内相喻公某至而见焉，曰："是为不便于民之大者！不治，民将尤吾尹。"乃为石梁于其上以便涉，凡用若干金。夫修兴梁成徒杠，尹职之伙者。

或未之知，而深于治事，民安有不虑者乎？然未知其尤之有无，而喻公辄自以邑之贤士大夫为已任，辅翼补缀以成其尹之贤。虽尹之贤未必以此而决，不以此为尹之尤也，则邑之多贤尹者，邑之多贤士大夫之所致也，固然矣。夫岂独一邑之政为然哉？天子于民，上下辽绝，日月不照覆盆，蚁蚊不能叫阍；民之所忧者多矣。朝有贤士大夫为之辅翼补缀，则天下之民，安得不圣其天子乎？则知朝多贤士大夫，则多圣君矣；是岂独一邑之政为然哉？

《许旌阳铁柱记》和《荷莲桥记》是咏物之作，但字里行间却氤氲着唐寅作为文人，渴求辅佐圣主"安民定天下"的胸怀和志向。他的字句表达，隐忍而矜持，但满怀的情绪却是强烈而坚定。自"科场案"后，唐寅形神风流不羁，似乎情愿绝迹于宦途。宁王的一纸书信，让他心中被锦衣卫迫害的几近斑驳支离的理想，再次复苏。也许这正是唐寅接受聘请来到宁王府的精神动力吧！但是，现实与理想之间永远有无法跨越的沟壑。宁王并非真诚地求才若渴，延聘唐寅等人到府，也只是想摆出一种姿态而已。所以，唐寅在王府的半年时间里，除了吃喝玩乐，就是与宁王等一干达官贵人写字作画，品评诗词。自古文人皆愿倾情于山水、花木、佳人，这是他们灵感的来源，也是浪漫情怀的寄托。风流如唐寅，更不例外。他虽远在江西，却仍不忘致信其老友陈春山，托其帮寄台州山罗汉树叶一筒，及冬天要移种的紫牡丹、白木香、黄蔷薇等花木。千里飞书，所托者仅此而已。古人古心，着实令今人艳羡不已。正德十年（1515年）二月中旬，唐寅又游锦峰上

人山房，作《梅枝图》，并附诗一首：

> 东风吹动看梅期，萧鼓联船发恐迟。
>
> 斜日僧房怕归去，还携红袖绕南枝。

其实，貌似优雅有品味的生活背后，充满了无尽的空虚，乏味和做作。唐寅越来越觉察到，宁王并非是赏识他的才华，而只想以他装点门面，标榜自己有爱贤惜才之古风。这不是唐寅想要的生活，他的理想在宁王府最终沦落为一种情绪和过场。无聊之至，他在墙壁上题诗一首：

> 碧桃花树下，大脚黑婆娘。
>
> 未说铜钱起，先铺芦席床。
>
> 三杯浑白酒，几句话衷肠。
>
> 何时归故里，和它笑一场。

唐寅以其惯有的诙谐，调侃着自己在宁王府的生活，他的郁郁思归之情，溢于言表！苏州有他赖以生存的精神土壤，有他志同道合的良友。苏州的一草一木，一风一月，都令他魂牵梦萦。而真正促成其回归故里的，却并非是唐寅的思乡之情！

石破天惊　佯狂逃祸

前文说到，宁王暗蓄异志，有图谋不轨之嫌。这并非空穴来风！时任江西按察使的方秩，曾与其幼子一同受邀至宁王府。宁王将方秩之子抱置于膝上，并欲将自己的女儿许给方家为儿媳。

方秩惊慌不已，连忙逊谢"不敢当"。经此一事后，方秩常对家人说："宁王志满气扬，阴养任侠之士，不出十年，江西必定骚动。"此时，唐寅仍为宁王府的座上宾，方秩曾善意地暗示过他——宁王有谋反之状。唐寅何尝不知境况之凶险？在宁王府已半年有余，宁王虽不曾直接与他谈论政事，但言语之间有所关涉在所难免。加之唐寅眼见宁王搜刮民脂民膏，强征民夫为兵丁，所作所为多系僭越违法之事，遂知其必反无疑。如何全身而退，远离政治漩涡？文徵明称病拒聘，唐寅想到的是，佯狂避祸。拿定主意之后，他假装疯颠，累日不事梳洗，披头散发，衣不遮体。待宁王差人来其住处馈送物品之时，他甚至故意赤裸身体，微曲双腿而坐，以手弄其私处，并讥讽、呵斥来人。宁王差来之人在回覆之时，将唐寅的疯狂无礼之举汇报给了宁王。宁王对唐寅的反常表现甚是怀疑，并没有立即遣送其回苏州。唐寅见此情势，趁着酒酣耳热之时，赋诗一首，暗表心迹：

> 信口吟成四韵诗，自家计较说和谁。
> 白头也好簪花朵，明月难将照酒卮。
> 得一日闲无量福，故千年调笑人痴。
> 是非满目纷纷事，问我如何总不知。

酒后吐真言，宁王已经明白，唐寅已洞悉自己的阴谋，但日后绝不问是非，也不会向外人言说。显然，他已不是同道中人。最为宁王厌烦的是，唐寅在宁王妃娄氏游览后花园之时，赤身裸体地冲奔过来，手抓大便，在墙壁上涂涂抹抹。宁王甚觉自己阅人不清，谁说唐寅是有才之士？只不过是一狂妄之徒而已。唐寅不再

生惹事端已是万幸，何能望其辅佐大业。宁王无奈，遂将其遣归。

开先寺

正德十年（1515年）三月中旬，四十六岁的唐寅终究还是安全回到了苏州。回程之时，感情充沛的唐寅必定是感慨万端，蓄千万种情愫于胸。从重金受聘到佯狂求归，这是何等的落差？在权势面前，文人的清高和尊严，怎么也厚重不起来！久负才名的唐寅似乎与政治、与宦途，总缺一线机缘——要么遭人诬陷，要么所遇非人。从南昌返回后，唐寅致信其老友姜龙，并附赠《匡庐山图》。他在信中言及江西之行："本欲遍览江西名胜，不料滞留豫章，三月中旬方回苏州，实是兴败而返。大丈夫潦倒于江山花竹之间，亦自有风韵。此情只可与先生言说，俗人难以理解。"唐寅随信奉上《游庐山开先寺诗》一首，诗云：

匡庐山高高几重？山雨山烟浓复浓。
移家未住屏风叠，骑驴来看香炉峰。
江上乌帽谁渡水，岩际白衣人采松。
古句磨崖留岁月，读之漫灭为修容。

宁王的确是心怀不轨。他早知权归宦官刘瑾，用重金贿赂以

明武宗

获其宠幸。只要宁王向朝廷有所请求，无不如其意，此皆刘瑾暗中襄助之故。《明实录》记载，正德二年（1507年），明武宗朱厚照赐宁王府的音乐院色长（官名）秦荣等四人服制冠带。宁王仍觉不足，奏称："筵宴之时有礼乐，音乐初奏，皆色长跪启，但其礼服并未齐备。听闻朝廷的教坊司中，自奉銮等官之外，又有冠带乐官，请按此例赐秦荣等冠带。"按照明朝的礼乐制度，封藩之国虽有乐师，但并无赐乐师冠带之先例。礼部认为，王府的音乐院与天子的教坊司，不可相提并论，遂驳回了宁王的请求。但是，明武宗却特旨允准。自此，宁王的僭越之心日益滋长。他贿赂朝中钱宁、臧贤等人为内应，肆意毒虐，箝制江西布政使、按察使等地方官。如，时任江西布政使的郑岳与提学副使李梦阳皆有文名，宁王对他们甚为器重。但郑、李二人，关系不睦。李梦阳因郑岳在升任布政使之时，带去旧门生二人，遂诬陷郑岳多收柴薪银两（古代官员俸禄的组成部分之一，类似于现代工资制度中的津贴），及其子侵吞库存银两，擅自捉拿其家中仆人逼取口供，甚至还在宁王面前诬陷郑岳"轻侮王府"。宁王不辨真伪，掇拾虚假供词，行文江西地方封疆大吏勘问郑岳。郑李二人俱被逮入狱，郑岳备受凌辱。后经大理寺卿燕忠等人审讯判定，郑岳罢官为民，李梦阳则仍保留官职，暂时居家闲住。经此事之后，宁王

之心志更加张狂！江西地方官如布政使参议王泰、白金，按察使佥事李淳、王奎等人，对宁王更是阿附有加，每每在王府留至半夜方回衙署，各衙署不得不虚门以待其归。副使胡世宁心中不平，上疏参劾宁王种种不法之事，并称"二司问刑参吏听其指麾"及"半夜开门"等。朝中科道官员据此惩戒王泰等人，令此四人回籍听候审问。宁王岂肯受此参劾，他贿赂钱宁，差武官捉拿胡世宁。此时，胡世宁已迁官福建按察使，恐受宁王陷害，不得不亲赴都察院门前自首。一年之后，胡世宁被判谪戍辽东，幸亏钱宁暗中保全，不时地遣人馈送柴米，胡世宁方得以保全性命。宁王气焰如此嚣张，极尽贿赂拉拢之能事，任职于江西的朝廷命官的前途命运，竟然掌控于宁王之手。

宁王极力在江西培植威势。他依恃宦官刘瑾的庇护，重获在天顺年间被朝廷收回的南昌护卫和屯田。此事在朝廷中引起不小的轰动。御史轮番上章参奏，建言不可恢复宁王的护卫和屯田，但最终仍未能改变朝廷的决定。宁王的骄横令朝中官员侧目不已，但因畏惧宦官刘瑾的淫威，无人敢触宁王的锋芒。不仅如此，宁王还暗中豢养盗贼作为自己的爪牙。闵念四、吴十三、刘六、刘七等人依恃宁王府的威势，肆行劫掠，无恶不作。兵部申明律禁，捕贼甚急。巡抚江西都御史孙燧在拿获吴十三等人后，将他们投入南昌府牢狱之中，但却被其同伙劫狱救出。兵部严饬孙燧在规定期限内，将逃逸的犯人缉捕归案。宁王担心受牵连，就令南昌儒学生员歌颂自己的孝行，并称其孝有五：一是其父病重时，他亲尝汤药，向上天祈求，愿以己身之福禄换取父亲的长寿。一是对其嫡母徐氏，孝敬有加。一是曾捐助银两，修缮白鹿书院。一是严禁属下武官侵渔百姓。一是与属臣讲论书史，不近倡优，不

杨廷和

礼佛事。随后，他又逼迫孙燧等人上奏朝廷，企图获得朝廷嘉奖，巩固宠眷，借此释其包庇恶徒之嫌疑。为确保万无一失，宁王还派人到京师向权要馈送钱财。孙燧的奏请，令御史熊兰忿恨不已。熊兰亦系江西南昌人，其父被宁王拘禁，受尽苦楚。得知宁王企图笼络虚誉，他自处散播，称宁王必反，并与谢仪（亦系南昌人，为躲避宁王的陷害，赴京师投奔太监张锐门下，入东

厂，负责缉察奸宄之事）密谋，求张锐为内应，暗使朝中御史在御前参劾宁王诸种不法之事。谢仪极力劝说张锐扼制宁王，以为自保之计，张锐深以为然。与此同时，谢仪又将此事告知内阁大学士杨廷和。杨廷和也同意借此机会再次革除宁王南昌护卫及屯田，以免后患，遂指使谢仪与熊兰假托张锐之意，令御史萧淮参劾宁王。经萧淮揭发，御史劾章不断。张锐等人也趁机向明武宗奏请，不可允准宁王所求之褒奖。杨廷和见时机成熟，欲照先朝成例，遣官至南昌责斥宁王，并革罢其刚刚恢复的护卫及屯田。宁王在朝中耳目甚多，杨廷和担心消息泄露，原本计划密遣驸马崔元前往宣布皇帝谕旨，谕旨曰"萧淮所言，关系宗社大计。朕念亲亲，不忍加兵。特差太监赖义、驸马都尉崔元、都御史颜颐寿往谕，还革护卫"。偏偏有兵部尚书王琼刚愎自用，认为革除宁王护卫实属国家大事，应宣召文武百官共议此事，然后再遣官至

南昌。经此番商议，京师皆认为朝廷要差遣驸马崔元往江西，不仅革除宁王护卫，而且必擒之。恰巧，宁王府属下兵丁徐华等在京，闻信后就飞报宁王。徐华等人回至南昌时，正逢宁王生辰，大宴镇巡三司官员。他向宁王奏报到："驸马等官兼程赶来，又闻皇上宣兵部，不知何事。"宁王大惊：当年擒荆王时，朝廷也是差派驸马等前去，想必此次定是来擒拿自己的。待宴席散后，宁王召进李士实商议如何应付朝廷来使。李士实认为，事态紧急，待明早镇巡三司官员前来谢宴时，可趁势擒拿他们，并就此举事。宁王连夜召集吴十三等人，装备齐整，只待明日各官入谢。

　　正德十四年（1519 年）六月丙子，宁王真的反了，而且是仓促造反！他令护卫等人披甲露刃，立于左右，待各官拜谢毕，宁王大声喊道："你等可知大义？"众官曰："不知。"宁王假称："太后有密旨，令我赴京。"众官不信，要求其请出太后密旨相示。宁王大怒，将为首二人斩杀，不依附于他的官员则被锁拿入狱。参政王纶、季敩，佥事潘鹏、师夔，布政使梁宸，按察使杨璋，副使唐锦，都归顺宁王，任命李士实、刘养正为左右丞相，王纶为兵部尚书。宁王号称拥兵十万，命涂钦与其豢养的闵念四等人掠九江、南康。攻下这两座城池之后，他令梁宸书写告天下书，差人遍示各藩王举兵之意，大概诬称"祖宗不血食者十五年"等语，矛头直指朝廷。七月，宁王留宜春、王拱樾、宦官

王守仁

万锐等守南昌城，自己则带领诸妃及世子等乘船，沿江而下攻打安庆。时任汀赣巡抚的王守仁，听闻宁王兵变，与吉安知府伍文定等立即檄召诸郡官兵。守仁先派奉新知县刘守绪攻破宁王安置在坟厂的伏兵，紧接着就发兵直攻南昌。南昌城破，宁王属下守城官及宦官被擒，宫人或自焚、或自缢而死。当此之时，宁王正在围打安庆，久攻不下。听闻南昌城被攻破，他大惊，连忙解安庆之围，回援南昌。守仁统率众军入鄱阳湖逆袭宁王，遇于黄家渡。宁王散尽金银，犒赏军士，与王师死战。伍文定为前锋，与指挥余恩假装向北，诱宁王兵追击，以使其前后不能相顾。知府邢珣、徐连、戴德孺，从后急攻，文定再回师合击，斩溺叛军数以万计。守仁又另遣知府陈槐、林城、曾玙、周朝佐，收复九江、南康。此后，王师稍稍松懈，守仁立斩临阵脱逃之人，文定立于船头，以火攻宁王兵，火焚其须，仍岿然不动。守仁令兵士用小船载运木柴，点火焚烧，乘风直入宁王军中，大军随其后。宁王大败，其妃娄氏等投水自尽，他与世子郡王朱仪宾、李士实、刘养正、涂钦、王纶等则被擒获。李士实被南昌人乱捶打死，宁王被守仁囚于南昌。从他起兵造反，到被守仁剿灭，仅有四十三天而已。

宁王妃娄氏，自从得知宸濠暗蓄异谋，日夜苦加劝谏，甚至垂泪相求。宁王造反后，令女眷登船随行，娄氏哭泣不肯同行。宸濠骗她说："朝廷有旨取我，汝第无虑。"娄氏不得已，与之同行。黄家渡之败，娄氏投水而死，宸濠则被幽囚。虽身在牢狱之中，但每每吃饭时，他都要为娄氏设妃位哭奠，夜不能寐。待其将被杀之时，宸濠特为娄氏赋诗一首：

嬾与乾坤担此爱，不如收拾上瀛洲。

清风明月人三个，芳草斜阳土一丘。
梦短梦长都是梦，愁多愁少总成愁。
从今别却江南去，不管人间春与秋。

又有《忆故宫》云：

当时轻弃牡丹台，寂掩重门日几回。
杨柳雨中含泪舞，芙蓉水上带愁开。
痛思竖子真非辅，始信娇童自不才。
歌管楼台金马地，等间留与野人来。

　　宁王本可居其藩国，优荣一生，怎奈一朝贼心作祟，身败名裂，万劫不复。无疑，唐寅在关键时刻作出了正确的人生选择。孰不见，与他同至宁王府的章文与钱时臣是何等落魄！宁王出江西时，挟章文与钱时臣同行，此二人多次谋求脱身而不可得。他们用随身携带的金银财帛收买看守兵士，方得趁夜色逃脱，潜行于乱军之中，多次濒临死亡的边缘。章文裸祖二千余里才返回家乡，与其父亲相见后，抱头痛哭。虽然唐寅在宁王造反之前就离开了王府，但他仍难脱党同宁王的嫌疑。朝廷在惩治逆党余孽之时，唐寅因曾是宁王的门客，也在被清算之列。审叛官员欲对唐寅施以援手，却无以为计。此时，恰见当年唐寅在宁王府时，在墙壁上题过的一首诗（即前文提到的"碧桃花树下"一诗），遂向朝廷为其开脱，称唐寅早有归去之意，并未与宁王同流合污。朝廷采纳此建议，唐寅最终逃过一劫！他绝不会想到，戏题于壁的一首诗，会在生死存亡之际，挽救自己的性命。人生际遇往往如

此，求而不得，不求而遇！

唐寅以风流才子名噪于时、著称于史，可在他不羁的形骸背后，却蕴藉着大丈夫不得于时的无奈！他出身屠贾之家，轻财好施，颇有侠士风范。凭唐寅之才华，若能稍稍降低气节，何患朝中无人援助？何患无官？可他偏偏要"闲来写幅青山卖，不使人间作孽钱"。及至南昌宁王府，怎料宸濠造反，他佯狂却聘，得以圣贤归洁己身。古之隐士，似乎也不过如此。所以，清朝时，有人称其"生平造诣，可谓卓绝千古，渊明而后当为第一人"。

明太祖册封诸子详表

藩王名号	齿 序	受封时间	藩属地	备 注
秦王朱樉	第二子	洪武三年	西安	
晋王朱㭎	第三子	洪武三年	太原	
燕王朱棣	第四子	洪武三年	北平	
周王朱橚[1]	第五子	洪武三年	开封	1 初封吴王，洪武十一年改称周王。
楚王朱桢	第六子	洪武三年	武昌	
齐王朱榑	第七子	洪武三年	青州	2 初封豫王，二十五年改称代王。
潭王朱梓	第八子	洪武三年	长沙	
赵王朱杞	第九子	洪武三年	无藩地	3 初封汉王，二十五年改称肃王。
鲁王朱檀	第十子	洪武三年	兖州	
靖江王朱守谦	从孙	洪武三年	不详	4 初封卫王，二十五年改称辽王。
蜀王朱椿	第十一子	洪武十一年	成都	
湘王朱柏	第十二子	洪武十一年	荆州	
代王朱桂[2]	第十三子	洪武十一年	大同	
肃王朱楧[3]	第十四子	洪武十四年	甘州	
辽王朱植[4]	第十五子	洪武十一年	广宁	

续表

藩王名号	齿　序	受封时间	藩属地	备　注
庆王朱㮵	第十六子	洪武二十四年	宁夏	
宁王朱权	第十七子	洪武二十四年	大宁	
岷王朱楩	第十八子	洪武二十四年	云南	
谷王朱橞	第十九子	洪武二十四年	宣府	
韩王朱松	第二十子	洪武二十四年	开原	
沈王朱模	第二十一子	洪武二十四年	潞州	
安王朱楹	第二十二子	洪武二十四年	平凉	
唐王朱桱	第二十三子	洪武二十四年	南阳	
郢王朱栋	第二十四子	洪武二十四年	安陆	
伊王朱	第二十五子	洪武二十五年	洛阳	

第六章 曲终人散

喜见老友 谈诗论画

从南昌回到苏州后，虽然远离祸端，但是唐寅的身体却每况愈下。贫病交加的唐寅，只能把情怀寄托于与友人的诗画唱和之间。正德十年八月间，他仿唐代周昉，作《杨妃出浴图轴》。十一月，象圆社长来桃花坞做客，唐寅特将自己的新作《游庐山》《过严滩》《游焦山》《春晓》《客中送别陶太痴赴任》《白发》呈上请教。其中《白发》诗云：

> 白发日较短，吾生行衰暮。
>
> 曩无神仙药，此世安得度？
>
> 灭没光景促，人生草头露。
>
> 年少轻前途，老大戒末路。
>
> 踵下扫陈迹，结屡学新步。
>
> 奔波敢自恕，五十舜犹慕。
>
> 大孝终立身，匪犹官资故。
>
> 黾勉达巷旨，庶不忝吾父。

人生一世，纵有万种风雅，仍禁不住生活的摧折。曾经何等风流不羁的江南才子，如今对命运也有了如此沉重的反省。对唐寅来说，正德十年注定是不平静的一年。在经历了人生的起伏之后，唐寅有所顿悟，荣名厚禄是身外之物，能有三两故交知己唱和往来，敞言心迹，才是人生难得之福量。在这一年，他致信已相交三十年的好友文徵明，愿以徵明为师。信中有言：

　　寅与文先生徵仲（即文徵明）交三十年。其始也，草而儒衣。先太仆爱寅之俊雅，谓必有成。每每良燕，必呼共之。尔后，太仆奄谢徵仲与寅同在场屋，遭乡御史之谤，徵仲周旋其间，寅得领解。比至京师，朋友有相忌名盛者，排而陷之，人不敢出一气，指目其非，徵仲笑而斥之。家弟与寅异炊者久矣，寅视徵仲之自处家也。今为良兄弟，人不可得而间。寅每以口过忤贵介，每以好饮遭鸠罚，每以声色花鸟触罪庚。徵仲遇贵介也，饮酒也，声色也，花鸟也，泊乎其无心，而有断在其中。虽万变于前，而有不可动者。昔项橐七岁而为孔子师，颜路长孔子十岁；寅长徵仲十阅月，愿例孔子以徵仲为师，非词伏也，盖心伏也。诗与画，寅得与徵仲争衡；至其学行，寅将捧面而走矣。寅师徵仲，惟求一隅共坐，以消溶其渣滓之心耳，非矫矫以为异也。虽然，亦使后生小子，钦仰前辈之规矩丰度，徵仲不可辞也。

其言也挚，其情也诚！唐寅将徵明以同怀视之，从初试科举，

述至京师科场之祸，生命中的每一次重大事件，都有徵明的见证与襄助。及至宁王势显，同聘徵明与唐寅二人，前者拒之，而后者受之。遭遇王府风波之后，唐寅深愧于自己政治头脑的幼稚，同时也暗叹徵明的深谋远见！他明以徵明为师，实则是佩服这位故交老友对时事的洞见，用他自己的话说，"非词伏也，盖心伏也"！

从正德十一年始，唐寅心绪渐安，对仕途、对功名已无炽烈的追求。他已经四十七岁了，早已度过不惑之年。人生的是是非非，跌宕起伏，锤炼着唐寅的心志，他现在更愿意自称"六如居士"。这是他在经历"科场案"之后，取佛经中语，为自己所取的别号。唐寅的这一别号，给后人留下很多想象和发挥的空间。

明朝士人更愿意将"六如"解释为：书如伯喈，文如相如，诗如摩诘，画如僧繇，气如湖海之豪，貌如山泽之癯，绝非禅家之物。《涌幢小品》则称"六如"为：一如深溪虎，一如大海龙，一如高柳蝉，一如巫峡猿，一如华丘鹤，一如潇湘雁。

其实，无论哪种阐释，都有共同的宗旨——唐寅更愿意从平淡与闲适中寻求生命的意义。自年初开始，他就不停地作画。《独钓经纶图》《画马图》《山居四时乐图册》十二幅，又为吴县知县李经作《山路松声图》，并有近作杂诗数首相赠。同年，又有浙江金华人士徐朝咨来苏州探访任苏州知府的兄长徐赞及随任就养的老母。起程归金华时，众人相送，受其侄子之托，苏州善诗之士，作诗相送，唐寅特为其作《送徐朝咨归金华序》。其文云：

余少读潜溪先生所著书，深叹伏其根本仁义，鼓吹礼乐，以为一代儒宗。及南游金华，见其乡士大夫皆彬

彬尚实，古朴大雅，有潜溪之遗风焉。正德丙子，郡公
自台端来莅是邦，三月而政成。凡势家豪族，渔猎其民
者，皆屏息敛手。贪墨之吏，悉改行。而仁义礼乐之教，
焕然大备。朝咨君又不远千里，来展定省忠孝笃厚之谊，
不待歌咏而见。而潜溪之风，盖有验矣。朝咨君少精璧
经，著声场屋间，天性诚笃峭整，他日继郡公轨范，上
弼唐虞，下阜民物，沛仁义礼乐之教于天下则知金华士
大夫之学业远有自云。

　　古人何其风雅，以诗文赠其行囊，
伴其途程，于车轮滚滚、江水淙淙之
间，静吟友人赠诗，想必是别有一番
滋味在心头吧！
　　诗画是唐寅的精神寄托，也是他
行近终年的生命全部。在他四十八岁
的时候，作《溪桥策杖图轴》，附诗一
首：

春山伴侣图

　　萧萧竹树度云阴，
　　阴里幽人惬野心。
　　涧底惊泉千尺雪，
　　想君从此涤尘襟。

　　清明时节，唐寅又追和倪瓒《江
南春》作《江南春图》。青荷款款的盛夏，他避暑于石湖，偶见宋

人李龙眠所画《饮仙》，心中甚爱，遂留此地数月临摩此画。其好友祝允明后得见此作，竟误以为是宋人真迹，仔细观之，才发现是唐寅的笔法。他大为感叹，并对唐寅的画技给予极高的评价："唐寅不仅能白描其轮廓，还能画其神情，意态毕具，用笔如晋人草书之法，无一点尘俗气。白描更难于设色，他用心于古拙，此长卷亦非人之所及也。"八月，又作《秋树豆藤图》。十一月，唐寅夜宿广福寺，有诗记之；

曲港疏篱野寺边，蓝桥重叙旧因缘。
一宵折尽平生福，醉报仙花月下眠。

十二月下旬，文徵明作《飞鸿雪迹图》赠杨进卿回南京，唐寅题诗为赠。同年，吴县知县李经升户部主事，唐寅写《送李尹》诗相送。诗曰：

征途驱策信良坚，祖席骊歌散晓烟。
花满邑中无犬吠，法凝梁上有鱼具。
每游缘地留诗榜，只把清风折俸钱。
遗爱在民齐仰望，青云一鹗正乔迁。

尽管征逐诗酒的生活惬意而又闲适，但贫穷和匮乏却始终如影随行——他的家中，尚有妻女待以哺养。从南昌回到苏州后，唐寅也时时有诗画作品问世。但是，明末朝廷不治，皇帝多年不上朝，宦官、酷吏横行，搜刮民脂民膏，国家秩序、社会经济陷入一片混乱。闲情雅致也需要依赖经济实力，苏州虽仍算得明朝

的富庶之地，但整体情势，已大不如前！虽然苏州人士皆知唐寅之斐名，但愿意以钱易画换字的人，却日益减少。到唐寅临近知天命之年时，靠卖画已经不能维持唐家基本的生活开支，"阴雨浃旬，厨烟不继，涤砚吮笔，萧条若僧"，可见其生意惨淡之况。正德十三年，唐寅在七峰精舍为孙育作《丹阳景图》，并题诗八句：

> 十朝风雨苦昏迷，八口妻孥并告饥。
> 信是老天真戏我，无人来买扇头诗。
>
> 青山白发老痴顽，笔砚生涯苦食艰。
> 湖上水田人不要，谁来买我画中山。
>
> 荒村风雨杂鸣鸡，辘釜朝厨愧老妻。
> 谋写一枝新竹卖，市中笋价贱如泥。
>
> 书画诗文总不工，偶然生计寓其中。
> 肯嫌斗粟囊钱少，也济先生一日穷。
>
> 儒生作计太痴呆，业在毛锥与砚台。
> 问字昔人皆载酒，写诗亦望买鱼来。
>
> 抱膝腾腾一卷书，衣无重褚食无鱼。
> 旁人笑我谋生拙，拙在谋生乐有余。

白板门扉红槿篱，比邻鹅鸭对妻儿。
天然兴趣难摹写，三日无烟不觉饥。

邻解皇都第一名，猖披归卧旧茅衡。
立锥莫笑无余地，万里江山笔下生。

　　唐寅这八首诗是其困顿生活的真实写照——家中食指八口，已近断炊。难道是老天爷在故意戏弄我吗？竟无一人来买我的扇头诗。已然临近知天命之年，靠笔砚讨生活真是越来越艰辛。湖上水田都无人问津，谁又会来买我的画中山？巧妇难为无米之炊，家中老妻无以为计，我构思着作一幅画去换几斗口粮，但是到了市集才晓得，新笋的价格竟贱如泥，谁会出钱来买这幅不能填充饥肠的假竹。读书人真的是太痴太嗔，曾忆当年，众人携酒提鱼前来索字要画，现如今，境况如此惨淡，却仍要将情怀寄托于毛锥与砚台。旁人取笑我谋生手段之拙劣，怎奈我却仍自得其乐，只是苦了家中的老妻幼女！

　　生活中的种种磨砺和遭际，随着唐寅渐长的年齿，慢慢变成他年轮上深深浅浅的印痕。几多无奈，几多惆怅！同年十月初，他宿于清溪堂，作诗一首：

远公夜榻借重眠，屈指光阴隔廿年。
再去廿年知健否，却从今夜说当先。
壁间花影灯呈戏，林下心情酒劝缘。
小叙也妆成故事，急待同社和新篇。

虽然唐寅的诗风仍是如此潇洒，但是字里行间已难掩其对生命、时光的拷问与怀念。至冬，为其岳母吴孺人撰写墓志铭。这篇墓志铭不仅是唐寅对其岳母的追忆，也从另一侧面透露出他的家庭关系。其文曰《徐廷瑞妻吴孺人墓志铭》：

> 孺人姓吴氏，讳素宁，苏之长洲人，大父某，母王氏，生正统甲子二月二日。年十七归徐廷瑞，正德戊寅十月初九日卒，得年七十。以卒之年十二月八日，葬武丘乡。子雯，娶何氏；女三，长适叶璋，次适寅（即唐寅），次适张铭。孺人性好纺织，自庙见而抵于疾，几六十年，自旦至暮，未尝一日不在筐箧之侧，虽祈寒盛暑不废也。性禀节俭，韭盐之外，不求兼味。及不好佛事，自信以为修短有算，福祸有数，天道不可邀冀得也，故梵咒之音未尝出口。寅为女婿三十年，内言不闻，非仪两绝，亲所豫见，故为铭其墓之户。铭曰：孺人之德兮，纺织是躬，没齿不怠兮，茧丝实工，启予全归兮，在此曲室中，福利后昆兮，万世无穷。

唐寅有才，却不善持家，生活日益艰难，甚至要靠向好友祝枝山、文徵明借钱度日。其间有著名书法家王宠常来接济，并娶了唐寅唯一的女儿为儿媳，成了他晚年最快乐的一件事。

贫病交加　驾鹤西去

时间从来不会因为人们的慌乱与挽留而稍作停迟，唐寅在贫病之中迎来了他的五十岁。正德十四年（1519 年）二月初四日，

唐寅五十寿辰。他赋诗自祝：

> 五十年来鬓未华，两朝全盛乐无涯。
> 子孙满眼衣裁彩，宾客盈门酒当茶。
> 炼成金鼎长生药，来看江南破腊花。
> 诞日何须祝千岁，由来千算比恒沙。

又有《五十自寿》诗：

> 自家只道是童儿，谁料光阴蓦地移。
> 总算一万八千彐，镵成四十九年非。
> 从前悲喜皆成梦，向后容枯未可知。
> 去日已多来日少，急忙欢笑也嫌迟。

除了故交好友前来庆贺之外，唐寅的五十寿辰并没有格外的喜悦。贫乏的光景和染疾的躯体，反倒时时刻刻提醒着他生活的艰辛。值得一提的是，唐寅在他五十岁的时候，与阔别将近三十年的老友西洲相见。但此时他尚在病中，无甚佳兴雅志，只是潦作《西洲话旧图》及诗相赠于老友，以表达自己的心绪。诗曰：

> 醉舞狂歌五十年，花中行乐月中眠。
> 漫劳海内传名字，谁信腰间没酒钱？
> 书本自渐称学者，众人疑道是神仙。
> 些须做得工夫处，不损胸前一片天。

此后的时日，唐寅的身体状况一直欠佳，但仍不时有诗画作品问世。三月，唐寅作《溪阁闲凭卷》，又为王鏊收藏的阎立本《秋岭归云图》题诗：

> 丹碧涂霞岭，青红上蘙林。
> 秋阴云气肃，水落岸痕深。
> 幽客来何处？仙家历古今。
> 望中无限思，未敢动长唫。

夭桃之春，唐寅画了很多幅扇页，如《荷净纳凉》《古屋长松图》《山水卷》。《古屋长松图》附诗一首：

> 高情原不厌茅茨，古屋长松也自宜。
> 明月上阶人独坐，凉风到树鹤先知。
> 影临书幌哦诗熟，声落清琴入梦迟。
> 秋色满山枫叶下，岁寒摇落异当时。

《山水卷》附诗一首：

> 玲珑金灯五花骢，斜把丝鞭弄晚风。
> 独自醉归湖岸上，桃花万树映人红。

银杏之秋，又逢王鏊七十大寿，唐寅作《柱国少傅守溪先生七十寿序》为贺。文曰：

　　杜国少傅太原郡公寿七十诞辰，寅备门下诸生之列，敢献祝颂。以为能福天下之人者，其享福也，必踰诸天下之人。福不可虚享也，冲漠无朕之间，有执契者司焉，大笑厚薄，各以类应；掩袭而享之，必被乘除，使得此者必失彼。若今掘户席簷之人，发一善言，行一善行，则足以福其身而已，身之外无有也。至一乡一郡者亦然，发一善言，行一善行而一乡一郡蒙其福。至若以福福天下之人者，非宰相不能，发一善言，行一善行，朝出乎庙廊之上，夕布于宇宙之内；在人则贵贱贤愚，迨乎蛮貊；在物则翾飞喙息，羾天木乔；在地则日月霜露之所燠泽，山川海岳之所流峙，无不蒙其福者。与其福一身者，固不可并言；而与福一乡一郡者。阶陛亦悬绝矣。公以英敏特达之资，天人深邃之学，为世宗儒，领解南都，会天下试，而登元殿策仍及第，入玉堂几五十年，遂践揆端，未尝一日奔趋下僚；自幼至老，未尝一日有失。今上登极，尤见宠锡，子孙满前，皆列近要；芝兰玉树，照映阀阅，蟒衣玉带，朝廷矜式。祁寒盛暑，手不释卷，天下服其勤；贵珰用事，计陷宰相，公力拒之，天下尚其义；遂引疾以归，天下推其勇；归卧包山之麓，太湖之上，耳目所接者，松风雪浪，于世事无一预也，天下称其高。凡是数者，皆天下之人所不可得，或有其一，犹自以为踰于天下，况备有之哉？盖公平日以言行之善，处宰相之位，施诸普天之下，蒙其福者，自人及物，不可计算；故其享福也，备有众美，而踰诸人耳。寅承训诲，亦能以言行自福其身者，故绘长松泉石图，

复俾太仓张雪槎补公小像于中，以代称祝，兼陈公福祉备有之故。公之令器中书舍人国子上舍，命书其详，不揆浅鄙，遂为序之。

后又与祝允明、文徵明、汤珍同游治平，夜宿老友王宠之采芝岑。继有《会琴图》问世：

> 黄叶山家晓会琴，斜桥流水路阴阴。
> 东西南北鸡豚社，气象粗疏有古心。

雪梅之冬，唐寅于桃花坞梦墨亭行书《花下酌酒歌》：

> 九十春光一掷梭，花前酌酒唱高歌。
> 枝上花开能几日？世上人生能几何？
> 昨朝花胜今朝好，今朝花落成秋草。
> 花前人是去年身，去年人比今年老。
> 今日花开又一枝，明日来看知是谁？
> 明年今日花开否？今日明年谁得知？
> 天时不测多风雨，人事难量多龌龊。
> 天时人事两不齐，莫把春光付流水。
> 好花难种不长开，少年易老不重来。
> 人生不向花前醉，花笑人生也是呆。

虽是花下酌酒，可这字字句句却透露着诗人无尽的忧伤，以及对人生无常的感慨，似乎生命行将落幕，读之不禁唏嘘。

这年冬天，他还为新安富溪汪时萃作《双鑑行窝图》。后于学圃堂见宋人李嵩的《罗汉图》，唐寅曾在南京得见此画，时至今日，已隔三十余年。他为此画题诗，相赠于准备赴京会试的王守（唐寅亲家王宠之兄），诗云：

> 雨雪关河晚，风沙鸿雁来。
> 送君携宝剑，携手上金台。
> 锦绣三千牍，天人第一才。
> 扬雄新赋就，声价重蓬莱。

文人与佛寺似乎总有不解之缘，深冬时节，唐寅又承沈徵德、顾翰学之邀，痛饮于禅寺，他作诗奉谢：

> 陶公一饭期冥报，杜老三杯欲托身。
> 今日给孤园共醉，古来文学士皆贫。
> 就题律句纪行迹，更乞侯鲭赐美人。
> 公道吾痴吾道乐，要知朋友要情真。

转年又是春，唐寅先后作《桃花庵图》《采莲图》《吹箫仕女图》。四月十六日，泊舟梁溪，为心菊漫书《水龙吟》二首：

> 江山风景依然，一望碧山三十里。爱舟枫林外，白蘋洲上，紫烟光里。系住扁舟，呼来旨酒，吟余秋水。看西飞鸟翼，东奔兔足，朝昏能几？浮生不及时为乐，尘土事，又随人起。海翁鸥鸟，漆园蝴蝶，谢家燕子。

多少清华，寻常消歇，百年眼底。都不如子同西塞，橛
头细雨。

　　门前流水平桥，有人曳杖闲行过。爱树林阴翳，鸟
声上下，岩花妥堕。有鱼可狎，有宝可乐，有农可课。
更竹堪题字，水堪垂钓，草堪藉坐。所见者清泉白石，
那得有软红尘浣？云添景象，雨催清思，风飘咤唾。渴
时即饮，饥时即饭，倦时即卧。浮世间触蛮蜗角，多时
识破？

　　四月二十四日，唐寅又画扇面一幅，茅屋高敞，树色扶疏，
一人策杖掉首望山。五月，他于学圃堂作《墨牡丹》图轴，题诗
有云：

　　　　谷雨花开春正深，沉香亭北书阴阴。
　　　　太真晓起忘梳洗，云鬟钗钿未及簪。

　　七月，为丁潜德作《西山草堂图》。丁潜德隐于西山马迹山，
自号草堂。唐寅有诗云：

　　　　厚苫芒葛柱棕榈，欲比南阳旧草庐。
　　　　颓壁破凭萝自补，乳梁低与燕分居。
　　　　乌皮净拭窗中几，朱版齐装架上书。
　　　　笑杀汗衣车马客，劳劳奔走欲何如。

　　同月十六日，又用李晞古法画《溪桥听笛图》。此画布景于松

林夜月水榭中，一人临窗吹笛，有客旁坐，童子侍立。对岸桥上坐二叟，一童子抱琴而侍。十月二十日，唐寅画梅数枝，名其为《墨笔梅花图卷》，题诗曰：

白贲谁为偶？黄中自保真。

相看经岁改，独领四时春。

这一年，唐寅与杨一清、陈沂、张寰等修禊于孙育所居之石壁下，杨一清挥翰题名，唐寅作图并题长歌于帧首：

七峰山上多石壁，虎踞龙蹲兼卧立。

有时斜叠波涛纹，藓固苔封半干湿。

主人乘兴恣登临，不速长携二三客。

台阁山林半相杂，一时谑浪皆文墨。

梯高蹑险不肯辞，淋漓每洒如杠笔。

深镌浅刻动锥凿，从此长年费工力。

我也从旁记姓名，太岁庚辰年正德。

虽然汗漫一时事，百年转眼存旧迹。

试听夜深风雨中，应有鬼神惊且泣。

时光挪转之间，唐寅的年轮上已经刻足五十二圈。托情诗酒，寄兴绘事，力去尘俗，冥契古人，仍是他生活的主题。春暖花开之时，唐寅作《菖蒲寿石图》《观杏图》和一幅山水扇册。其中，《观杏图》模仿古法，"平坡写古木夭矫，拳石嵌空，分列两行，若排衙状。一翁乌角巾、绛方袍、朱履，竦立拈髭，树根处两垂

髻童子，一向茶社，持扇吹火，一奉茗碗。"五月，唐寅先作《桃花庵图》《应真图轴》《山水小立轴》，后又模仿宋人郭河阳画法作山水手卷一轴。八月，于玉磬山房绘《潇湘八景卷》。九月九日，作《墨竹图》扇页，并题自作诗于扇页之上。又作《山水图卷》，题诗云：

> 松涛谡谡响秋风，云影峦光净太空。
> 何事幽人常独立？只缘诗意满胸中。

仍是那个垣夷疏旷、益任放诞的唐寅，可在他晚年的诗作中，却分明有更多的对生命的困惑。世事的磨砺，贫病的摧折，沧桑了唐寅的心，也使他对前途命运有更多的不确定感。

世宗即位，新帝改元。嘉靖元年（1522 年），唐寅五十三岁。正月初一，值朝廷改元，他作诗一首，以示庆贺：

> 世运循环世复清，物情熙暤物咸亨。
> 一人正位山河定，万国朝元日月明。
> 黄道中天华阙迥，紫微垂象泰阶平。
> 区区蜂蚁诚欢喜，鼓腹歌谣竟此生。

在唐寅已经为数无多的时光里，他仍与笔墨为伍，全身上下沾满文字、线条。正月里，作《千山万木图》及扇页一幅。清明时节，他用行书写《落花诗》。青荷之夏，唐寅为赵文敏《陶靖节小像轴》作跋。八月既望，又为上方山治平禅寺写《治平禅寺化造竹亭疏》。深秋时，又应钮惟贤之请，为修佛多年的侯生居士作

《墨莲轴》，以作贺寿之礼。《墨莲轴》有诗云：

> 学佛俄经二十年，于今地上拥青莲。
> 我来愿结三生友，共看当时手指天。

同年，吴县知县刘辅宜改调沛县，唐寅作诗赠别：

> 一别光辉二十年，中间消息两茫然。
> 忽衔敕命来吴苑，过访贫家值暑天。
> 路上青云看鹦举，杯临红烛语蝉连。
> 料知别后应相念，尽赠江东日暮烟。

行文至此，特别不想说，嘉靖二年的到来，已经意味着唐寅生命的终结。这年年初，唐寅身体状况尚可，为庆祝元旦，写有七律一首：

> 晓日腾腾上画檐，春符处处揭红笺。
> 鸠车竹马儿童市，椒酒辛盘姊妹筵。
> 鬓插梅花人蹴踘，架垂绒索院秋千。
> 仰天祝愿吾王寿，一个苍生借一年。

唐寅始终未缀画笔，春有《溪山八景图册》《画牛图》《钟进士图》，秋有《仕女图》，及临摹杜堇的《绝代名姝册》（共十幅，每幅有祝允明和诗），又题宋人刘松年《层峦晚兴图卷》。此时的唐寅，已是饱受肺病之扰，

健康状况每况愈下。他应邀去老友王宠家中做客，偶见苏东坡所写的一首词的两句话——百年强半，来日苦无多。也许是命中注定，也许是偶然巧合，这两句词正好触动了他的心弦，悲从中来。回到家后，就卧病不起。至冬，随着天气转寒，唐寅的肺病日益严重，正在不知不觉中威胁着他的生命。十二月二日，唐寅写完他此生的最后一首诗后，溘然而逝。此诗被名之为《伯虎绝笔》：

溪山渔隐图

　　　生在阳间有散场，死归地府也何妨？
　　　阳间地府俱相似，只当漂流在他乡。

　　还是一如既往的洒脱，可偏偏会让人无端地联想起这位江南才子的生不逢时！唐寅死时，年仅五十四岁。依其遗愿，他的家人及众老友将其葬于桃花坞。三年后，又迁葬在横塘王家村，祝允明作诗哭奠，深切哀悼其逝！《哭子畏》曰：

　　　天道难公也不私，茫茫聚散底须知。
　　　水衡于此都无准，月鉴由来最易亏。
　　　不泯人间聊墨草，化生何处产灵芝？
　　　知君含笑归兜率，只为斯文世事悲。

万妄安能灭一真？六如今日已无身。
周山既不容神凤，鲁野何须哭死麟？
颜氏道存非谓夭，子云玄在岂称贫。
高才剩买红尘妬，身后犹闻乐祸人。

《再挽子畏》云：

少日同怀天下奇，中来出世也曾期。
朱弦并绝桐薪韵，黄土生埋玉树枝。
生老病余吾尚在，去来今际子先知。
当时欲印枢机事，可解中宵入梦思。

祝允明还为其撰写墓志铭，唐寅的亲家王宠手书此墓志铭，并将其刻于石碑之上铭文曰：

子畏死，余为歌诗，往哭之恸；将葬，其弟子重请为铭。子畏余肺腑友，微子重且铭之。子畏性不颖利，度越于士。世所谓颖者，数岁能为科举文字，童髫中科第一日，四海惊称之。子畏不然，幼读书，不识门外街陌，其中屹屹，有一日千里气。不或友一人，余访之再，亦不答。一旦，以诗二章投余，乘时之志铮然。余亦报以诗，劝其少加宏舒，言万物，转高转细，未闻华峰可建都聚。惟天极峻且无外，故为万物宗。子畏始肯可，久乃大契。然一意望古豪杰，殊不屑事场屋。其父广德，贾业而士行，将用子畏起家，致举业，师教子畏，子畏

不得违父旨。广德常语人："此儿必成名，殆难成家乎?"父没，子畏犹落落。一日，余谓之曰："子欲成先志，当且事时业；若必从己愿，便可褫襕幞，烧科策。今徒籍名泮庐，目不接其册子，则取舍奈何?"子畏曰："诺。明年当大比，吾试捐一年力为之，若弗售，一掷之耳。"即墐户绝交往，亦不觅时辈讲习，取前所治毛氏诗，与所谓四书者，翻讨拟议，祇求合时义。戊午，试应天府，录为第一人。已未，往会试。时旁郡有富子，亦已举于乡，师慕子畏，载与俱北。既入试，二场后，有仇富子者，抨于朝，言与主司有私，并连子畏。诏驰敕礼闱，令此主司不得阅卷，亟捕富子及子畏付狱，诏逮主司出，同汛于廷，富子既承，子畏不复辨，与同罚，黜掾于浙藩，归而不往。或劝少贬，异时亦不失一命。子畏大笑，竟不行。放浪形迹，翩翩远游。扁舟独迈祝融、匡庐、天台、武夷，观海于东南，浮洞庭、彭蠡。慭归，将复踏四方，得疾久，少愈，稍治旧绪。其学务穷研造化，元蕴象数，寻究律历，求扬马、元虚、邵氏声音之理而赞订之。旁及风鸟、五遁、太乙，出入天人之间，将为一家学，未及成章而殁。其于应世文字、诗歌不甚惜意，谓后世知不在是，见我一班已矣。奇趣时发，或寄于画，下笔辄追唐宋名匠。既复为人请乞，烦杂不休，遂亦不及精谛。且已四方慕之，无贵贱富贫，日请门征索文辞、诗画，子畏随应之，而不必尽所至，大率兴寄遄邀，不以一时毁誉重轻为趋舍。子畏临事果决，多全大节，即少不合不问。故知者诚爱宝之，若异

玉珍贝。王文恪公最慎予可，知之最深重。不知者，亦莫不歆其才望；而媚嫉者先后有之。子畏粪土财货，或饮其惠，讳且矫，乐其菑，更下之石，亦其得祸之由也。桂伐漆割，害隽戕特，尘土物态，亦何伤于子畏，余伤子畏不以是。气化英灵，大略数百岁一发钟于人，子畏得之，一旦已矣，此其痛宜如何置？有过人之杰，人不歆而更毁；有高世之才，世不用而更摈，此其冤宜如何已？子畏为文，或丽或淡，或精或泛，无常态，不肯为锻炼功；奇思常多而不尽用。其诗初喜秾丽，既又仿白氏，务达情性而语终璀璨，佳者多与古合。尝乞梦仙游九鲤神，梦惠之墨一担，盖终以文业传焉。唐氏世吴人，居吴趋里。子畏母丘氏以成化六年二月初四日生子畏，岁舍庚寅，名之曰寅，初字伯虎，更子畏。卒嘉靖癸未十二月二日，得年五十四。配徐，继沈，生一女，许王氏国士履吉之子。墓在横塘王家村。子畏罹祸后，归好佛事，自号六如，取四句偈旨。治圃舍北桃花坞，日般饮其中，客来便共饮，去不问，醉便颓寝。子重名申，亦佳士，称难弟兄也。铭曰：穆天门兮夕开，纷吾乘兮归来。睇桃天兮故土，回风冲兮兰玉摧。不兜率兮犹徘徊，星辰下上兮云雨灉。椅桐轮囷兮稼无滞穟。孔翠错璨兮金芝葳蕤。碧丹渊涵兮人间望思！前应天府通判友生长洲祝允明撰，同邑王宠书。